シンセサイザー入門

音作りが分かるシンセの教科書
Rev.2
リビジョン

 A BASIC GUIDE TO SYNTHESIZER

松前公高 著

A BASIC GUIDE TO SYNTHESIZER

はじめに（および改訂（Rev.2）版について）

　シンセサイザーが出てきた70年代～80年代前半はアナログ・シンセサイザーが最新の機材で、解説本も多数存在しました。
　しかし、80年代中頃からシンセはデジタルへ。各メーカーそれぞれ個別の音源方式になって、音作りも特殊なものになり、あらかじめ用意されている音色（プリセット音）が優秀で大量になったことも重なって"音を作る時代"から"音を選ぶ時代"へ。そんな中でアナログシンセの音作りの方法は忘れ去られ"無くてもよいもの""これからはプリセットから好きな音を選べばよい"という雰囲気になっていました。当然、アナログシンセの音作りの本は皆無。その後、アナログが再評価されモデリングによるデジタル・アナログシンセが常識になった時期、1998年に『シンセサイザー・プログラミング』という書籍の一部を執筆、さらに2007年には本書の原本となる『シンセサイザー入門』を出版し、若いシンセサイザープレイヤーと挨拶を交わす中で「実はあの本を読んでシンセのことがやっと分かったんです」「すごく音作りの参考になった」という話を聞き、本当に書いて良かったと感じました。そしてそこから約10年たった今回、現時点での初心者の方にもまた、シンセについて知ってもらえたらと、改訂（Rev.2）版を出版するはこびとなりました。
　特にソフトウェア関係で、最近の解説本はすぐに古くて使えないものになってしまいます。『Windows98完全攻略法、裏技99』なんて本を今、だれが読むでしょう？　この本は、そうならず、いつ読んでも通用する内容になるよう心がけました。20年後も、逆に20年前でも通用するものです。ソフトウェアの時代ですが、あえてハードウェアのシンセを基準に考え（ただしソフトも全く同じことです）、"この機種"を使いこなすという本ではなく"アナログシンセすべて"を使いこなす本にしています。そのため、基本的な内容は原本から何も変わっていませんが、その後、大学や専門学校での講師の経験、書き足りなかったこと、10年の時代の変化に伴って変更が必要になった部分などを修正、加筆してしています。この本を読んでシンセサイザーを理解したというアーティストと、またいつか共演できることを楽しみにしています。

2018年11月　松前公高

INTRODUCTION

シンセサイザーとは？

シンセサイザー（SYNTHESIZER）とは何でしょう？
【シンセサイズ】《動》 他 1.···を総合する、統合する（反対語: analyze）2.構成成分を合成する、合成して作る（yahoo! Japan 英和辞書『プログレッシブ英和中辞典』より）とあります。"合成する"に"人とかモノ"を表す"-er"が付いて"音を合成するモノ"、まさにそのまんまですね。でも、"音楽を合成する"って？

例えば、ドラムとベースとギターやボーカルを、音楽として"合成する"とは言いませんよね。これは"ミックス""混ぜ合わせる"です。"合成"は、もう1つ次元の高いレベルでの合体を意味するようなイメージですね。音を混ぜ合わせて、1つの音を作ることをシンセサイズと言います。

1970年代、日本でシンセが紹介されたときは"どんな音でも出せる夢の電気楽器"という触れ込みでした。これは原理的には正しく、実際には正しくない表現だったと言えるでしょう。ほとんどすべての波形は、複数の正弦波（サイン波）に分解することができるという法則があります。これを逆に考えて"正弦波を大量に合成すれば、ほとんどすべての複雑な音は作ることができるはず"、こう考えると確かにシンセはどんな音でも作り出せそうです。この考えを"加算合成"と言います。

"合成"という言葉が最も適切なシンセの方式は、この加算合成でしょう。原理的には可能なのですが実際には、アナログ回路では不安定、かつ大量のオシレーターを用意する必要があり高価に。また、それだけ用意したとしてもあくまでそれは、短い波形が変化せずに反復されるものを波形のレベルで再現するだけで、実際には生楽器はアタック部分から極めて複雑に変化し続けるものです。音域や演奏方法によっても音色は変わります。これを再現するとなると、とてつもない計算と管理が必要となります。

現在、デジタルの時代になって、この加算合成のシンセも素晴らしいものがたくさん出てきましたが、当初はアナログ回路でこれを再現するのは実質難しいことでした。ではどうやって"どんな音でも出せる合成"を行ったか？ それが、現在でもその方式が利用されている"減算方式"というものです。詳しくは本文で触れますが、これは、比較的倍音の多いオシレーターを用意して、そこから不要なもの（成分／倍音）をカットすることで、目的の音にしようという考え方。ただこれは"合成"という表現にはちょっと違う気がするのですが、まあそれはよしとして。とにかくそうやって、"音作り"ができる楽器がシンセサイザーなのです（倍音については、P.15とP.51を参照）。

A BASIC GUIDE TO SYNTHESIZER

▲MOOGのモジュラーシンセ

　歴史的に見ていくと、1920年代頃のテルミンやオンド・マルトノがその元祖で、1950年代に開発されたRCA Electronic Music Synthesizerが初めて"シンセサイザー"という名の付くものでした。ただこれは一般に売り出された物ではなく、研究用が主で、部屋いっぱいの巨大な機械は楽器という感じではありませんでした。60年代にBUCHLAとMOOGがそれぞれモジュラー・シンセサイザーを開発しますが、その後、商品として発展するという点で、1965年にMOOGがモジュラー・シンセサイザーを発売したことが現在の楽器としてのシンセのスタート地点と言えるでしょう。

　その後、70年代にアナログシンセは大いに発展します。小型になり、ポリフォニック(和音)になり、メモリー機能が付き、そして80年代にはデジタルシンセが出現。デジタルシンセは素晴らしく"奇麗なサウンド"を提供してくれました。しかし"キレイすぎる"ものだったのです。幅広い音色も出せるのですが、肝心のロック系のサウンドに合う、今までにあった"シンセサウンド"はとても細くて、味の無いものになってしまいます。

　80年代後半からハウス・ミュージック、テクノなどの復活に伴い、アナログシンセのサウンドが再評価され、ビンテージシンセ市場が活性化します。メーカーの新製品はデジタルシンセにつまみを搭載したり、モデリング技術で、再びアナログシンセの音に近づきます。そしてソフトウェア音源の時代、多数のアナログシンセをシミュレートしたソフトが発売され、今でも"減算方式"のアナログシンセの構造が、シンセサイザーを始め、サンプラーやリズム音源などさまざまな音源に採用されています。アナログシンセの構造を理解すれば、ほとんどすべてのソフトウェア音源、ハードウェア音源を操作／音作りすることが可能になると言っても、言いすぎではないでしょう。

CONTENTS

はじめに 002

シンセサイザーとは? 003

part 01 — 007
5 PIECES-SIMPLE AS THIS!!
シンセのパーツは
たったこれだけ

part 02 — 025
HOW TO USE FOR CHALLENGERS
ちょっと
突っ込んだ使い方

part 03 — 065
VINTAGE SYNTH GALLERY
ビンテージシンセ・
ギャラリー

part 04 — 081
ACTUAL EXAMPLE
音作りの実例

part 05 — 113
SYNTHESIZER Q&A
シンセにまつわる
Q&A

APPENDIX — 131
DISC GUIDE
シンセ名盤
48!

AUDIO FILE INDEX 140

A BASIC GUIDE TO SYNTHESIZER

AUTHOR : Kimitaka Matsumae
BOOK DESIGN : Toshifumi Nakai

シンセのパーツは
たったこれだけ
5 PIECES-SIMPLE AS THIS!!

"シンセサイザーとは?"で書いた通り、アナログ・シンセサイザーの構造は極めて単純明快です。この方法だけを理解していれば、9割以上のアナログシンセ、アナログモデリングシンセ、ソフトウェアシンセは操作できると思います。取扱説明書と格闘して"その機種"を勉強するのではなく、"シンセそのもの""あらゆるシンセ全体に通じる概念"を理解してください。そうすれば、ほとんどの機種がすぐに使えるようになるでしょう。そんな最も基本になるアナログシンセの構造について、解説していきます。

part 01

A BASIC GUIDE TO SYNTHESIZER

アナログ・シンセサイザーの音の流れ

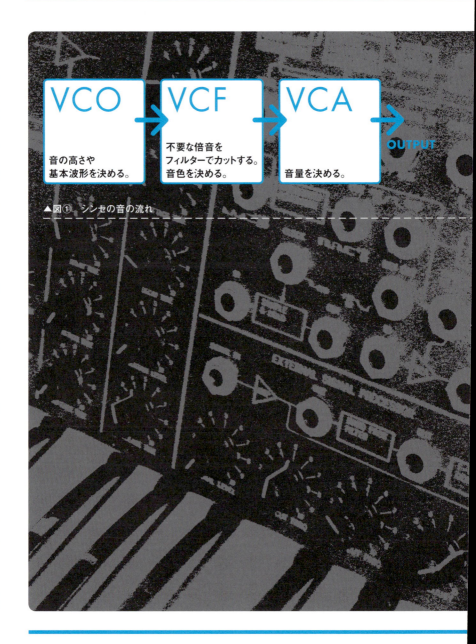

| VCO | → | VCF | → | VCA | → OUTPUT |

VCO：音の高さや基本波形を決める。
VCF：不要な倍音をフィルターでカットする。音色を決める。
VCA：音量を決める。

▲図① シンセの音の流れ

Basic Structure

　　アナログ・シンセサイザーは、発売当初はモジュラー・シンセサイザーという形になっていました。これは、さまざまなパーツがモジュールという部分に分かれており、それをケーブルで接続（パッチング）し、音の流れを作って、"楽器"としての"構造"自体を組み立てることが可能というものでした。しかし、実際には、その効率性から左図のような配線が最も有効であることが分かってきました。そのため、その後の小型シンセサイザーは、パッチングで音の流れを作る機能を排除して、すでにこの配線を施した形の製品になっています。つまりこの音の流れが、最も使いやすく、音作りがしやすいシンセサイザーの構造になっています。

　　シンセサイザーは、音の3つの要素……"音程""音色""音量"を図のような流れで操作する形になっています。まずオシレーター（VCO）は、基本波形を作り、音の高さを決める所。ここでは、多少倍音が多めの波形を選びます。そこで作られた音はフィルター（VCF）に送られ、不要な倍音成分をカットして、音色を整えます。最後に、アンプ（VCA）で音量を決めれば終わり。基本的には、これでシンセサイザーの音作りはできてしまいます。どうですか？　簡単でしょ？

　　より幅広い音作りのために、高級機種ではVCOの部分が2～3個並列に用意され、それをVCFの前にミキサーでミキシングするという形が一般的です。さらに最近のシンセサイザーでは、VCFを2つ並列、または直列に使用することができるものが多く、またVCAの後にエフェクターなどが搭載されているのが標準的になっています。しかし、それでも基本的な音作りの流れは全く同じです（P.63参照）。実際のシンセでもほとんど左図のような配置で並んでいますが、違う場合はパネルをよく見て各ブロックを見つけてください。アナログ・シンセサイザーの音作りは、ほぼすべてこの流れで行います。

VCOは"素材"そのもの VCO

　VCOはVoltage Controlled Oscillatorの略で、"電圧で制御された発振器"という意味です。ボルテージコントロールの"VC"はアナログシンセで音の制御を電圧の値で行っていたことから付けられた名前で、後ろに続く"O"はオシレーターを意味し"F"ならフィルター、"A"ならばアンプを意味します。現在のアナログ・モデリングしたデジタルシンセやソフトシンセは電圧制御ではないので、正確には"VC-"という表現は間違いです。単純にオシレーター、フィルター、アンプと呼べばよいのですが、由来がアナログシンセなのでVCO、VCF、VCAとここでは表現することにします。

　オシレーターでは、"音そのもの"を生成します。指定できるのは"基本になる波形"と"音の高さ"です。そして、VCOで生まれた音がフィルターなどで加工されます。ですから、料理で言うところの"素材"そのものと言えるでしょう。いくらスゴ腕の料理人がいても、素材がダメなら味にも限界があります。無理をして味付けしなくてはなりません。初期デジタルシンセのいくつかの機種ではオシレーターの音がしっかりしていないので、フィルターやエフェクターなどで厚化粧をしているサウンドが多々ありました。

　逆に素材さえ良ければ、料理人がそれほど熟練していなくても、十分おいしいモノになります。初期のアナログシンセの音が太い、そのまま出すだけでも十分カッコいい、使える音であるということは、オシレーターの音の良さに由来しています。素材が良ければ、料理人がほんの少し手を加えるだけで素晴らしい料理になってくれるのです。

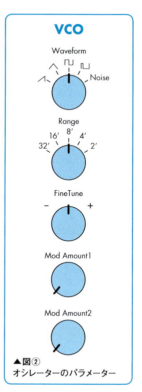

▲図②
オシレーターのパラメーター

VCOに用意された波形　　VCO

　アナログシンセでは、VCO（オシレーター）でシンプルな数種類の基本波形が用意されています。後に出てくるデジタルシンセではさらに複雑な波形が大量に用意されていたり、PCM音源という、楽器の音の波形をそのまま使ったものもありますが、ここでは最も基本になるアナログシンセについて解説していきます。

　一般的にアナログシンセに搭載されている波形はノコギリ波（SAW TOOTH）、三角波（TRIANGLE）、矩形波（SQUARE）、パルス波（PULSE）、ノイズ（NOISE）などです。詳しくはPART02で紹介しますが、ここでは代表的なノコギリ波（**AUDIO FILE01：ノコギリ波の音**）と、矩形波（**AUDIO FILE02：矩形波の音**）について見ていきましょう。ノコギリ波は、波形がノコギリの形をしています。この波形にはすべての整数倍音が含まれており、明るくてさまざまな音作りに適した、最も多くの要素を含んだ音と言えます。一方、四角い形をしたものが矩形波で、こちらは奇数倍音だけを含んでいて、木管楽器などの音に適しています。四角の幅が完全に50/50になっていないものをパルス波と呼びます。

　これらの波形の違いは、基本になる周波数に対して、その整数倍の高い成分の音「倍音」がどのように含まれるか？で決まるのですが、ここは初級編なので詳しく知りたい方はP.15のコラムをお読みください。

VCOでの音程の設定　　VCO

　オシレーターで音の高さを決める方法としては、切替スイッチになっていてオクターブごとに変化させるものや、半音単位で変わるつまみのものなど、いろいろな種類があります（**AUDIO FILE03：オクターブ切替、半音単位、連続で音程を設定**）。少ない鍵盤でも低い音から高い音まで演奏できたり、普通のドレミファソという並びではなく違った音階で使用できるのも、音の高さを変えられるからなのです。

A BASIC GUIDE TO SYNTHESIZER

カットオフは音作りのキモ!　　VCF

　VCOで作られた音は、VCF（Voltage Controlled Filter）へ送られます。VCFは、電圧で制御されたフィルターという意味です。フィルターとは"不要なものを止めて必要なものだけ通す"ものです。シンセで言うとVCOで作られた音の高域、低域といった成分を分別します。この"何を止めて、何を通すか?"の働きに応じてフィルターにはいくつか種類があり、最もよく使用されるのが、ローパス・フィルター（Low Pass Filter、略してLPF）です。これはロー（低音）をパス（通過）させるフィルターですから、ハイ成分＝明るい倍音成分をカットします。カットオフ・フリケンシーのつまみを上げると、フィルターが開いてすべての音を通過させ明るい音、逆につまみを下げると、低い周波数まで音をカットすることになり、暗い音になります（**AUDIO FILE04**：ローパス・フィルターでカットオフを変化）。

　このつまみはシンセの音作りの中でもキモになり、他のつまみと区別して、色や大きさを変えてある機種もあるほどです。カットオフの調整こそが、音の料理人の包丁さばきといったところでしょう。素材も大事ですが、その素材をどう生かすか?は料理人次第。素晴らしい素材の音も、フィルター次第で上品にも、荒々しい感じにも、下品な料理にもなるから面白いものです。

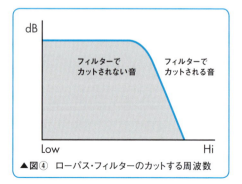

▲図③ フィルターのパラメーター

▲図④ ローパス・フィルターのカットする周波数

VCFではレゾナンスも大事　　VCF

フィルター・セクションで、もう1つ重要な音作りの要素になるのが"レゾナンス"です。機種によっては、"PEAK"や"Q"という呼び方をする場合もあります。下の点が集まった絵を見てください。何が描いてあるかなんとなくわかりますが、これに輪郭線を描いてみましょう。実体がよりわかりやすくなりますよね?

レゾナンスの働き（イメージ）

"レゾナンス"とは、このように、フィルターでカットした周辺の音域が分かりやすくなるように、カットオフ・フリケンシー付近の倍音を強調させるものです。このつまみを上げるとクセの強い、キンキンとした音になります（**AUDIO FILE05：レゾナンスを上げていく／レゾナンスを上げてカットオフつまみを動かす**）。さらにレゾナンス値を上げていくと、最後にはフィルター自体が発振して音を発生します。このフィルター発振音を利用した音作りもあります（**AUDIO FILE06：レゾナンスを発振させて作る面白い音**）。

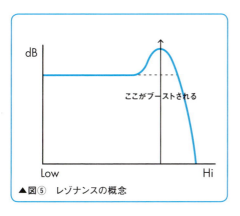

▲図⑤　レゾナンスの概念

VCAでは音量を決める　　　　　　　　　VCA

　VCAはVoltage Controlled Amplifierの略で、電圧で制御されたアンプ装置ということになります。そして、そのパラメーターは"ボリューム"……つまり音量だけです。ただし、ここでちょっと問題が。例えば、TVを楽器と見立ててみましょう。試験放送中のテスト・パターンの「ピー」という音を、シンセだと思っても良いでしょう。
Q：この"TV楽器"の最大の問題は？
A：音程が変えられないこと？　いえ。1つの音程しか出ない楽器は世の中にいくつか存在します。楽器として一番の問題は、音が出っぱなしなことです。

　通常のアンプは、一定の音量の音を出すだけのシステムです。これでは例のピー音は、出たままです。楽器では、例えば鍵盤などで音を出したり消したりできないと"演奏"ができません。それが一番の問題です。しかしVCAそのものには、その機能はありません。音量を"決める"だけなのです。つまり、ここで鍵盤の情報で音をON／OFFする必要が出てきます。単純にスイッチでON／OFFをしても良いのですが、それではオルガンのように、押せばすぐ鳴って、離せばすぐに消えるスイッチにすぎません。楽器には、もっとさまざまな音の立ち上がりや減衰が必要です。それをコントロールするのが、エンベロープ・ジェネレーターです。多くのシンセには、VCAのブロックの中に、あたかもVCAの機能の1つのようにエンベロープ・ジェネレーターがあります。しかし実際には、エンベロープ・ジェネレーターはVCAの機能ではないのです。何のことなのか意味が分かりませんね？　はい。ここではそれでOKです。これについては次項で詳しく説明します。

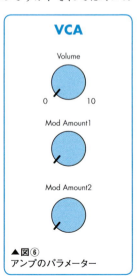
▲図⑥
アンプのパラメーター

Column 01
倍音ってなに？──①

　本文の中に"倍音"という言葉が何度か出てきました。今後もたくさん出てきます。初心者はあまり意識しなくてもいいとは思いますが、少しだけ解説しておくと、まず、"音"とは振動が元になっています。音を発するものが振動し、その振動が空気を伝わって我々の鼓膜を振動させ、音として認識している訳です。そしてその振動数（周波数）が音の高さを決めます。エンジンやヘリコプターの回転数がその良い例です。回転が速いと高い音になります。振動数はヘルツ（Hz）という単位を使い、1秒間に振動した回数を表しています。音楽では、A（ラ）＝440Hzという振動数が合奏などでチューニングの基準になっていたりします。

　ところが実際の楽器の音にはその周波数以外に整数倍の周波数が成分として含まれています。1倍の音、つまりその音の高さを判断する音を基音と呼び、2倍や3倍、4倍、5倍……といった、基音の整数倍となる周波数となる高い成分を倍音と呼びます。この各倍音のバリエーションでさまざまな楽器の特徴的な音色が決まってきます。VCFでは、こういった幅広くある基音、倍音の成分のどの部分を消して、どの部分を通すかによって、VCOで作られた音にさらに特徴を与える作業をしていることになります。

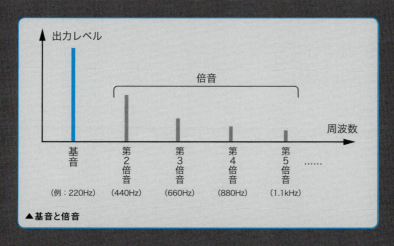

▲基音と倍音

シンセの音の流れ（モジュレーション付き）

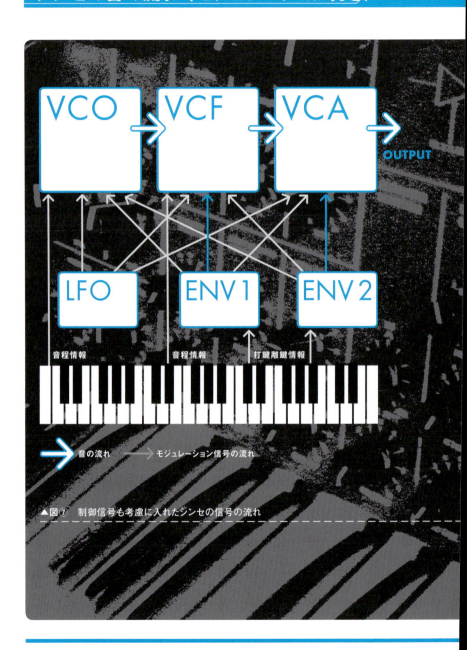

▲図⑦ 制御信号も考慮に入れたシンセの信号の流れ

Basic Structure

　シンセサイザーの音の流れは、P.8の図①で紹介した通りです。ただあれは、純粋に音の流れだけを表現していました。強く印象付けるためにあえてシンプルに表現しましたが、実際はこれでは"音がピーーーっと出ているだけ"にすぎません。楽器として機能させるには、鍵盤によって音が出たり消えたりし、音色もさまざまな"変化"をさせられることが必要です。

　それを行うのが"モジュレーション（Modulation）"です。意味は"変調"で、LFOやエンベロープ・ジェネレーターといったモジュレーターからの"情報"のことを言います（音声信号ではありません）。モジュレーション信号はVCO、VCF、VCAなど、どのブロックにも働きかけられます。変調を言い換えれば、"おせっかいをする"、"くすぐる"と考えてください。上段の3つは主役のようですが実は影で操っているのは下の"モジュレーター"たちで、主役たちは操り人形のように変化するのです。

　例えばLFOでVCOを"コチョコチョ"と周期的にくすぐれば、同じ周期で音程が揺れます。エンベロープ・ジェネレーターでVCAを「ス〜ハ〜」とマッサージしてあげれば、受け取ったVCAは「ス〜ハ〜」に呼応して音を出したり止めたり……つまり"音量"が変化します。どこをくすぐるかという配線は、モジュラー・シンセサイザーでは自由で、その都度変調させたいものをパッチングで決定していました。しかし、今では使用するモジュレーションはある程度限定されており、どのブロックをくすぐるのかも、ほとんど決まってきました。そのため、専用のモジュレーションが用意されたり、見た目ではそのブロックの中に配置されたりするようになったのです。

　例えば、LFOはVCOをくすぐってビブラートを。ENV1はVCFにかけてフィルターの変化を。ENV2はVCAにかけて音量に変化を与えるように設定されていることが多いようです。しかし本来は、LFOはVCFやVCAにも、ENV1はVCOにもVCAにも変調をかけられることを忘れないでください。

A BASIC GUIDE TO SYNTHESIZER

▶ アンプに使用する　　　　　　　　　　ENV

　"エンベロープ・ジェネレーター（Envelope Generator）"は、EGやENVと書かれたり、構成要素の頭文字から"ADSR"とも呼ばれます。鍵盤から演奏情報を受け取ることで、あらかじめ設定した時間変化をするモジュレーションの1つです。これをアンプ（VCA）に使用することで、"鍵盤を押して楽器の音が出る""鍵盤を離すと音が消える"といった動作が行われます。単に鍵盤をスイッチにして音をON／OFFするだけでは、オルガンのようにしか音を出すことはできません。鍵盤のON／OFFに加え、ADSRという4つの値を設定することでさまざまな音の立ち上がり、減衰を自由に設定できるようにしています。

AUDIO FILE07：アタックの違い、AUDIO FILE08：ディケイの違い、
AUDIO FILE09：サステインの違い、AUDIO FILE10：リリースの違い

　ピアノや木琴は、アタックがすぐに最大の音量になるので、A=0。バイオリンなどは"こする"という演奏の性格上、アタックがゆったりと立ち上がるので10段階でA=3程度が良いでしょう。リリースは、オルガンは鍵盤を離せばスイッチのようにすぐに音が切れるので、R=0。管楽器などは音を止めてもわずかに音は響いており、心地良い残響を残す点でR=3程度に。ただしこれらの数値はあくまでもイメージ的なもの。実際には機種によりつまみの値と秒数の関係はさまざまで、耳での微調整が必要です。

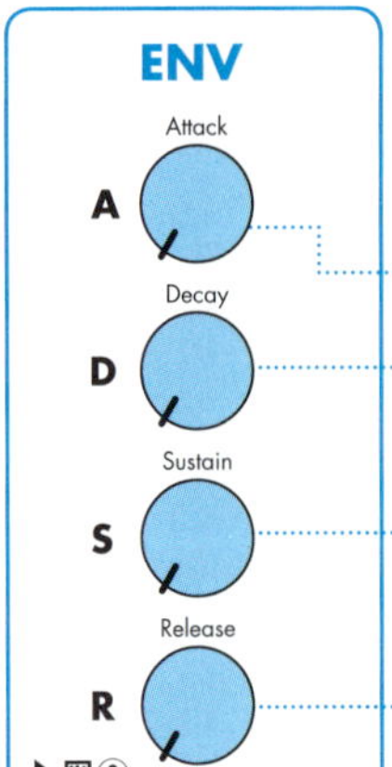

▶図⑧　エンベロープのパラメーター

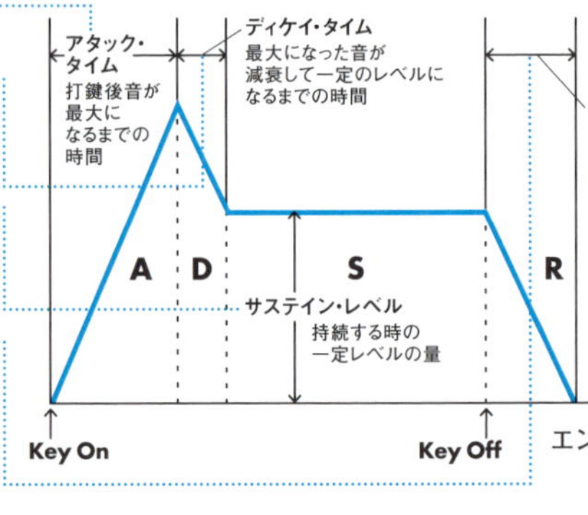

▲図⑨　エンベロープの概念

アタック・タイム　打鍵後音が最大になるまでの時間
ディケイ・タイム　最大になった音が減衰して一定のレベルになるまでの時間
サステイン・レベル　持続する時の一定レベルの量
リリース・タイム　鍵盤を離してから音が消えるまでの時間

Key On　Key Off

VCFやVCOにかける　　ENV

　シンセサイザーの音は、本来は"タレ流し"……つまり、出っぱなしになっています。前に、TVの音の音量操作をどうするか?という話を例にした通り (P.14)、鍵盤のON／OFFで音を出したり消したりすれば、楽器として使用できます。これは、"モジュレーションがどう機能しているか?"という点で考えた場合、"エンベロープ・ジェネレーターによって、音量が変調されている"ということになります。つまりADSRの形で音が出たり、消えたりという変化をします。

　では、エンベロープ・ジェネレーターをVCFにかけたらどうなるでしょう?

　VCAでは、エンベロープ・ジェネレーターの形で音量が変化しました。今度はVCFのフィルターです。当然、音色がその形で変化します。つまり、鍵盤を押せばゆっくりフィルターが開いたり、頂点に達すると徐々にフィルターが閉じていったり……といった具合です。

　多くのシンセサイザーでは、エンベロープ・ジェネレーターが2つ以上用意されており、1つをVCAに、1つをVCFにかけるのが一般的です。しかしこれはあくまでも、"それが便利だから"そう設定されているにすぎません。実は、エンベロープ・ジェネレーターをVCOにかけることも当然可能なのです。VCAでは音量、VCFでは音質であったように、VCOにかければ音程が変化します。楽器の音ではなかなかそういった音程の変化はありませんが、効果音のようなサウンドには、こういった音程の変化は効果的です。

　モジュレーターの送り元 (Source)の変化は、どの送り先、つまりくすぐり先 (Destination)に送っても、必ずそれに対応した変化をするようになっています。VCO、VCF、VCAはそれぞれ役割が決まっています。"何を変えたいか?"をよく考えて"どこにかけるか?"を間違えないことがとても重要になります。VCOは音程、VCFは音色、VCAなら音量です。

LFOは肩もみ機？　　　　　　　　LFO

　エンベロープ・ジェネレーターの他にもう1つ、代表的なモジュレーション・ソース（くすぐり元）としてLFOがあります。LFOはロー・フリケンシー・オシレーター（Low Frequency Oscillator）の略で、直訳すると"低い周波数の発振器"ということになります。

　LFOはVCO同様に音を発生させるオシレーターなのですが、ここでちょっと皆さん、物理や、音の科学、オーディオや音楽の専門書の一番最初に書いてある文章を思い出してください。

　人間の耳に聞こえる音の周波数は、20Hzから20,000Hzまでという話です。20,000Hz（=20kHz）より上の音は、犬など動物には聞こえるので、犬笛に使われたりしますが、低い方の限界を超えると？　これは、音程とは認識されないブツブツブツブツ……という周期的なクリック音のように聞こえます。

　音程としては聴き取れないくらい、低すぎる音。低い周波数と言えば"低周波"という言い方もありますね。低周波？　そう"低周波治療器"の低周波。身体にパッドを当てて電気を流すことで肩たたき、肩もみをするアレですね。まさにあれが、LFOのモジュレーションと考えて良いでしょう。

　VCOやVCFに、低周波治療器のような音にならないくらい低い周波数の振動を与えて、まさに"モミモミ"して音を変化させるもの。別の言い方をすれば、"波のような変化"を与えるものです。LFOも、モミモミ先をVCO、VCF、VCAなど、自由にどこにでも指定できますが、当然、何が変化するか？が変わってきます（**AUDIO FILE 11：オシレーターの低い部分がLFOである証拠**）。

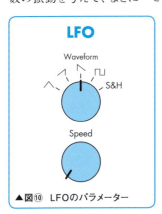

▲図⑩　LFOのパラメーター

▶さまざまなものをモジュレート　　LFO

　では、VCO、VCF、VCAにそれぞれ波を与えるとどうなるでしょう？ VCOは音と音程を決める所、VCFは音の明るさを決める所（音色）、VCAは音の強さ（音量）を決める所でした。そこに直接"波"の効果を与えるわけですから、当然、波のような形の変化が音程、音色、音量に現れます。音程が波打つ、音色が波打つ、音量が波打つ、ということですね。

　実はこれは、楽器の演奏方法としても古くから使用されているものです。一般的には以下のように言われています。

- **VCOにLFOをかける→音程が波打つ＝ビブラート**（AUDIO FILE12）
- **VCFにLFOをかける→音色が波打つ＝ワウ**（AUDIO FILE13）
- **VCAにLFOをかける→音量が波打つ＝トレモロ**（AUDIO FILE14）

▲さまざまなLFOセクション

　大事なことなので何度でも言います。エンベロープ・ジェネレーターは指圧などのマッサージ、LFOは低周波治療器の振動のように主役たちをくすぐります。その結果、彼らは自分のできる仕事の範囲でのみ変化を受け入れます。VCOは音程、VCFは音色、VCAなら音量です。

A BASIC GUIDE TO SYNTHESIZER

▶ LFOの波形とスピード　　　LFO

　どれくらいの強さで波打たせるか？　どれくらいの速度で波打たせるか？　あるいは、どんな形の波か？　シンセサイザーではそれらが、つまみとなって用意されています。

　例えば、強さが異なればこんな違いが出てきます。軽く音程を変化させれば美しいビブラートに、強くかけてしまうと効果音のような楽器じゃない音に（AUDIO FILE15）。また、速度を変化させるとどうなるでしょう？サイレンのような音から、UFOのような音まで随分変わってきます（AUDIO FILE16）。波の波形を変えると、パトカーの音と救急車の音のように音の動き方が違ってきます（AUDIO FILE17）。

　LFOの波形には、一般的に以下のようなものがあります。

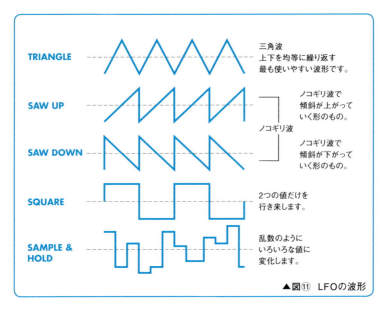

▲図⑪　LFOの波形

　この中でSAMPLE & HOLDは少し特殊です。一定時間は同じ値、しばらくすると別の値に変化します。常に変化し続けるようなものは、"RANDOM"として用意されている機種もあります。

ポルタメント　　　　　　　　　　　Portament

　この機能はシンセサイザーの構造には直接かかわらないものですが、最もシンセらしいサウンドという点で重要なので、最後に紹介しておきましょう。

　ポルタメント（Portament）は音程をなめらかに移動する機能のことで、一般的な楽器では"グリッサンド"という似た奏法があります。グリッサンドは、鍵盤楽器など音程がしっかり決まっている場合に、その音程を経由して次の音に移行することを言います。しかしポルタメントの場合は、連続的に、アナログ的につながった形で周波数変化します。トロンボーンのスライドを動かした感じと言えば、分かりやすいでしょう。ある音からある音へ、その経過音を鳴らしながら変化すると、その2つの音程がつながった感じ、ねばねばした感じになります（AUDIO FILE18:ポルタメント）。

　メーカーによっては、この機能を"GLIDE"と呼ぶ場合もあります。パラメーターは、タイムのつまみだけが用意されています。これによって、最初の音程から次の音程に行くのに、どれだけの時間をかけるかを調整します。

▲図⑫
ポルタメントのパラメーター

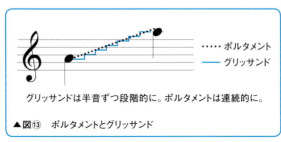

グリッサンドは半音ずつ段階的に。ポルタメントは連続的に。

▲図⑬　ポルタメントとグリッサンド

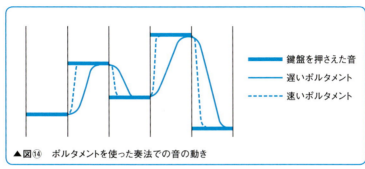

▲図⑭　ポルタメントを使った奏法での音の動き

A BASIC GUIDE TO SYNTHESIZER

Column02
飛び道具的なシンセ ── ①

　キーボードがいないバンドだけど一瞬だけ何か面白い音を出したい、クレイジーに荒れ狂う感じのノイズを出したい、そんなときは小さくてちょっと変わった音源をおすすめします。値段も手頃なものが多くあります。

　まず最もおすすめしたいのはREONのDriftboxという製品です。さまざまなバージョンがあり、いずれも強烈なモジュレーションが可能で、楽器として演奏するより、荒れ狂うシンセノイズサウンドを得意としています。

　また、手をかざして動かすことで演奏するテルミンは、ライブで見た目にもインパクトを出せます。楽器として完成された高価なものから、音程をとるのが難しく、"ピュ〜〜ン"といった効果音として使えるだけの低価格のもの、さらにはマトリョーシカの内部に回路を組み込んだ変わり種まで、さまざまあります。

▲REON Driftbox R（_midi）

▲MANDARIN ELECTRON Matryomin "Bambina"

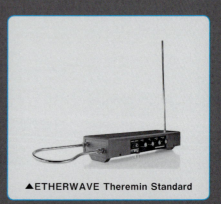

▲ETHERWAVE Theremin Standard

ちょっと突っ込んだ使い方
HOW TO USE FOR CHALLENGERS

PART01では基礎編として、シンセサイザーの音の流れ、基本構造の部分だけを簡単に説明しました。この章では、より深くシンセを理解していただくために、実際に存在する各種のつまみ、パラメーターを解説しながら、音の変化、使用法などを解説していきます。製品に関係なく"アナログシンセ全般"に広く応用できるように考えましたので、おそらくあなたがお持ちのシンセにもこれらの機能が対応しているはずだと思います（機種によっては、簡素化されており、その機能が搭載されていない場合もあります）。

part 02

VCOの波形いろいろ — Oscillator

　"シンセサイザーとは?"(P.3)で触れたように、シンセサイズとは、さまざまなサイン波を合成すればあらゆる音が作り出せるという理論が元になっています(加算合成)。しかしそのためには膨大なサイン波が必要で、しかも難しい分析を行った上、正確に合成する必要があります。その上、楽器というものはその音色が刻々と変化します。こうなると、サイン波の合成ではとてつもない制御が必要になります。そして当時の技術では不可能だったその方法をやめ、全く逆の発想を採用したのがアナログシンセの"減算方式"です。

　PART01では、オシレーター部分では基本になる波形を作って、音の高さを決めると説明しました。ではどんな波形があるのか、より詳しく解説していきましょう。今はアナログをシミュレートしたデジタルシンセが主流なので、楽器の音を録音して再生できるように準備されたPCM波形も大量に使用できますが、昔の本当のアナログシンセではそういった波形はありません。

　後でフィルターで倍音をカットするということを考えて、オシレーターでは、倍音の多いシンプルな波形を用意しますが、それぞれ特徴があります。

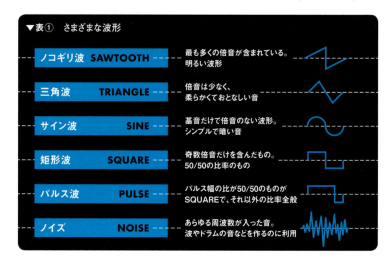

▼表① さまざまな波形

波形	英名	特徴
ノコギリ波	SAWTOOTH	最も多くの倍音が含まれている。明るい波形
三角波	TRIANGLE	倍音は少なく、柔らかくておとなしい音
サイン波	SINE	基音だけで倍音のない波形。シンプルで暗い音
矩形波	SQUARE	奇数倍音だけを含んだもの。50/50の比率のもの
パルス波	PULSE	パルス幅の比が50/50のものがSQUAREで、それ以外の比率全般
ノイズ	NOISE	あらゆる周波数が入った音。波やドラムの音などを作るのに利用

さまざまな波形を使い分ける — Oscillator

　最初は多めに倍音があった方が良いという点から、まずはノコギリ波を使ってみることをおすすめします。ノコギリ波は、多くの楽器の音を作るのに適しています。

　しかし、それではどうしても思った音に到達しないことがあります。ローパス・フィルターでは高い成分からカットするので、変わった倍音成分を作るためには、最初からオシレーターの音がそういう傾向になくてはなりません。その場合は、倍音成分が特殊な波形から音作りをスタートさせた方が良いでしょう。この場合、代表的なのが矩形波です。木管楽器、クラリネット、木琴なども矩形波が適しています。またファミコンの音や電話の「ピポパ」といったサウンドも有名です。

　三角波はそれほど多くの倍音を含まないもので、オカリナ、ピッコロ、リコーダーのような柔らかい楽器の音に適しています。

　さらに倍音が少ない、基音だけのサイン波は減算方式のシンセサイザーの波形としてはほとんど使われることはありません。しかし、フィルターを使わずに柔らかい音を再現するためや、後で解説するオシレーター同志のモジュレーション（P.34）のために、搭載されている機種があります。

　もう1つ、ちょっと変わった波形としてノイズがあります。モジュラーシンセでは、オシレーターとは別にノイズ・ジェネレーターという"ノイズ生成セクション"が用意されVCOとは区別されていました。しかし、ノイズ・ジェネレーターはVCO同様に音の発生装置であり、VCF、VCAへ送られるという点で、現在ではオシレーターの中の1つの波形として扱うことが多くなっています。

　最近のアナログモデリング、デジタルシンセでは、その他にさまざまな複雑な倍音構成をしたデジタルの基本波形が装備されたものもありますので、目的の音に近づきやすいように選択してやると良いでしょう。

▶ パルス波の幅を調整　　　　　　　　Oscillator

　パルス波は四角い波形が並んでいるような形をしていますが、この偏りを変更することができます。**図①**のようなものなら30%のパルス波、50%のパルス波、98%のパルス波という言い方をします。30%と70%は、位相、つまり上下が逆転しているだけなので同じ音になります。50%のものは特に矩形波、つまり正方形というようなニュアンスの言い方をします。100%（あるいは0%）に限りなく近くなっていくと、音の振動部分、つまり上下に振れる部分が極端に短くなって、音が聞こえなくなってしまいます。

　幅の設定は、切替ボタンで何種類か用意されている場合と"パルスウィズ"というつまみで連続的に変更できる場合があります。パルスウィズつまみのある機種では、演奏しながらパルス幅を動かしてみましょう（**AUDIO FILE19：パルス幅の変更**）。「木管楽器奏者のオネエサマの性格のキツさを設定するつまみです」と、筆者はよく冗談で表現します。木管特有のクセの部分や、鍵盤楽器ではクラビネットの心地良いカリっとしたサウンドの雰囲気が変わるのが、分かるでしょう。

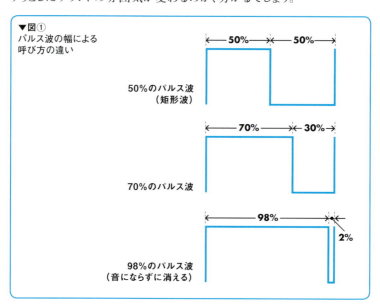

▼図①
パルス波の幅による
呼び方の違い

パルスウィズ・モジュレーション — Oscillator

　パルス幅のつまみを手で動かす作業、結構おもしろい感じで音色が変わりますよね。では、これを手ではなく自動的に動かしてみましょう。それがパルスウィズ・モジュレーション（Pulse Width Modulation）です。頭文字をとってPWMとも言います。一般的にはLFOを使ってパルス幅を揺らすのですが、エンベロープ・ジェネレーターが使える機種もあります（**AUDIO FILE20：パルスウィズ・モジュレーション**）。

　ビブラートは音程をLFOで変化させますが、これは音程を変化させるのではなく、パルス幅を変えるだけなので、ビブラートのような強い揺れの効果はありません。しかし、よりなめらかな独特のアンサンブルのような効果が得られます。

　ただ、ここで少し注意があります。先ほどの説明で、パルス幅が100%（0%）に限りなく近づくと音が消えてしまうというのがありました。なのでパルス幅を揺らすときに、基準になるパルス幅の値と、そこからどれくらいの幅で揺らすか（デプス）の値次第では、値が100%（0%）になることが考えられます。すると音が消える瞬間が発生しますので、デプスを深くかけるときはパルス幅は50%周辺から、パルス幅が片寄った場所ではあまり深くかけ過ぎないようにしましょう。

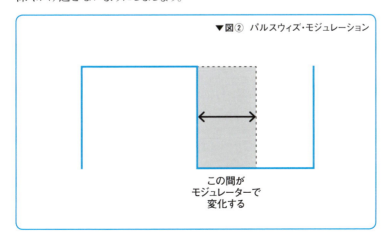

▼図② パルスウィズ・モジュレーション

この間が
モジュレーターで
変化する

音の高さを決める

　オシレーターのもう1つの大切な機能は音程、音の高さを設定することです。音程を変える方法、方式には以下のようなものがあります（AUDIO FILE3参照）。

●オクターブ切替つまみ（Octave）
　32'、16'、8'、4'、2'といった、オクターブの切替スイッチによるものです。簡単に1オクターブの変化が切り替えられます。一度チューニングしておけば、切り替えてもほとんどチューニングする必要が無く、安定してオクターブの変化が得られる利点があります。

　逆に、常に音楽的な音程に縛られた状態になりがちで、効果音などを作るときにちょっと不便に感じることがあるでしょう。似たものとして、オクターブ・ボタンといって−3、−2、−1、0、+1、+2、+3といった設定で音程を変える機能があります。しかし、これは鍵盤と音程の関連性を調整するものであって、すべてのオシレーターの音程がオクターブ変化してしまいます。これだけだとオシレーター同士の音程差を調整できませんので、必ず、オシレーター2以降には、別の音程調整つまみが用意されています。

●半音階つまみ（Coarse Tune）
　つまみを回していくと、半音単位で音が段階式に変化します。瞬時にオクターブの変化をさせるのが難しい欠点はありますが、調を変えるのが簡単です。しかもオクターブつまみ同様、一度チューニングしておけば微

▲MOOG MiniMoogの切替つまみ

▲最近のシンセはOCT+/−ボタンを装備（KORG Radias）

▲SEQUENTIAL CIRCUITS Prophet-5の半音階つまみ

Oscillator

調整の必要がありません。つまみをグイッと回すと、低い音から高い音まで大きく変化させることができます。微調整はファイン・チューン（Fine Tune）のつまみで行う必要があります。

●連続つまみ（Frequency）

連続的に音が変化するもので、このつまみ1つで全音域をカバーします。連続した周波数の中で、音楽で使用される周波数と無関係にどんな音でも鳴らすことができます。音程楽器として使用する場合は、正確なチューニングが必要になります。微調整が難しいので、動きの幅の狭いファイン・チューン（Fine Tune）と組み合わせる形になっていることが多いようです。連続的に大幅に変化するので、効果音系のサウンドには素晴らしい効果を発揮します。ただ、音程のスピーディな切り替えができず、その都度チューニングをしなくてはなりません。ちょっと触れただけで音程が変わってしまう不安定さは絶望的で、現在ではこの方式のつまみはほとんどありません。

●微調整つまみ（Fine Tune）

連続的に変化します。他の楽器とのチューニングの調整や、2つのオシレーターで微妙に差を作ってコーラス効果を出すときなどに利用します。連続つまみを全音域にせずに、わずかな幅の変化だけ連続的に調整できるようにしたものです。中にはこのつまみがVCOには無く、"チューニングつまみ"として別で用意されている場合もあります。

◀ARP Odysseyは連続つまみ

▲微調整つまみを備えた OXFORD Oscar

A BASIC GUIDE TO SYNTHESIZER

▶複数のオシレーターを使う

　アナログシンセの音の流れは、すべてP.16の図で表現できると書きました。しかし実際には、VCOは2つ以上用意され、それらをミキシングできることがほとんどです。では、複数のオシレーターが同時に鳴る場合、どんなことができるのでしょう?

●ユニゾン（AUDIO FILE21）

　全く同じ音程の音を2つ重ねることを、"ユニゾン"と言います。波形の違う音色を同じ音程で混ぜ合わせると、さらに複雑な倍音の音になります。また同じ波形を同じ音程で、わずかにチューニングを変えて演奏させると、コーラスがかかったような"うなり"が生じます。これを積極的に音作りに利用するのも良いでしょう。"音を重ねる"と音が大きくなったり太くなったりすると思いがちですが、実際には位相が変わってコーラスがかかったサウンドになります。全く同じ音を重ねた場合でも、若干太くはなるものの、そのコーラス効果の影響の方が大きいでしょう。

●オクターブ（AUDIO FILE22）

　1オクターブでオシレーターの音を重ねれば、オクターブ奏法を指1本で行うことができます。また"音色を作る"という意味では、1オクターブ以上違う高さで音を重ねると、ちょうど高い音が、低い音の倍音のような要素として加えられるという考え方もできます。例えば低い三角波に2～3オクターブくらい上のノコギリ波を付加すれば、基音から倍音の間が広

▲KORG MS-20のオシレーター部。
VCOが2つ用意されている

▲KORG PolySixの
サブオシレーター

Oscillator

く開いたような特殊な倍音構成の音になります。サイン波を複数使用して組み合わせれば、自由な倍音構成を構築することも可能でしょう。

●ハーモニー（AUDIO FILE23）

　チューニングを半音単位で変更すれば、キー・トランスポーズ、つまり移調した状態で鍵盤演奏ができるということがあります。

　2つ以上のオシレーターをさまざまに組み合わせれば、ハーモニーを作ったまま並行移動するフレーズが指1本で演奏できます。テクノ、トランスなどでよくある、コード・メモリーのシンセサウンドは、オシレーターを3～4個使って、和音を構成した状態状態で演奏すれば、簡単に再現できます。また、完全5度でギター系のサウンドを作れば、パワー・コードと呼ばれる強いパンチのあるサウンド、フレーズを作れるでしょう。半音ずれた音を重ねたら、"合ってるのにズレてるような音痴サウンド"もできます。

●サブオシレーター（AUDIO FILE24）

　VCOで鳴っている音の1オクターブ（あるいは2オクターブ）下の音を足すことができる、補助的なオシレーターです。これを使うと1つしかないオシレーターでも厚み、太さを出せます。基音の下に低音を少しだけ付加できるので、オクターブ下になるのではなく、基音が少し太い印象を与えられます。バランス次第では、どちらが基音になるか？　解釈が分かれます。

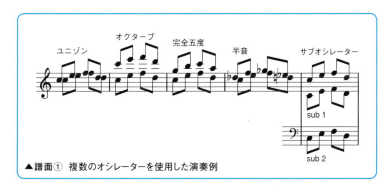

▲譜面① 複数のオシレーターを使用した演奏例

オシレーターのさらに特殊な機能

●リング・モジュレーター（AUDIO FILE25）

エフェクターの名称ですが、オシレーター2つを使用して独特の音を出すので、VCOセクションの中に用意されていることが多くなっています。

具体的には、入力された2つの音の周波数の和と差を出力します。例えば500Hzと400Hzの音が入力されると500Hz-400Hz＝100Hzと、500Hz+400Hz＝900Hzの2種類の周波数の音が出力されるのです（図③）。和と差の周波数という非整数倍音が出ることで、金属的な独特のサウンドが得られます。チューブラーベルや、金属のアタック音などに最適ですが、微調整でかなり音が変わるので、細かく調整してやる必要があります。

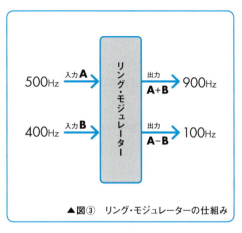

▲図③　リング・モジュレーターの仕組み

鳴らしながら一方のオシレーターのFine Tuneなどの周波数を変更してみましょう。一方は上がっていく音、一方は下がっていく音が出てきます。LFOで周波数を激しく動かしたり、2つのオシレーターの周波数の偶然の組み合わせによって、かなり激しいサウンドを作り出すことも可能です。

●クロス・モジュレーション（AUDIO FILE26）

リング・モジュレーター同様、金属的な非整数倍音を作れます。原理的には周波数変調（Frequency Modulation）、別名FMと同じです。片方のVCOで、もう片方のVCOにモジュレーションをかけるのですが、超高速のLFOを使ってビブラートしていると考えても良いでしょう。ビブラートとは似ても似つかない独特の変調で、変わったサウンドが生まれます。

Oscillator

●オシレーター・シンク（AUDIO FILE27）

　複雑で強力なサウンドを作る素晴らしい機能です。ONにするとVCO1がマスター、VCO2がスレーブになり、スレーブ側のオシレーターの音程がマスター側の音程に強制的に同期（シンク）。スレーブ側の音程がマスター側の音程より高いとき、気持ち良い複雑な倍音を持ったシンク・サウンドが得られます。またスレーブ側のオシレーターにエンベロープ・ジェネレーターやLFOで変化を与えると、複雑な倍音成分が心地良く変化する効果が得られ、代表的なシンク・サウンドになります。

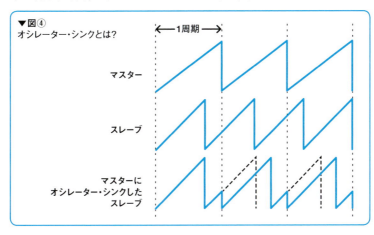

▼図④
オシレーター・シンクとは？

●キー・フォロー（AUDIO FILE28）

　シンセの原形は、"発振器"のようなものでした。これを鍵盤で演奏できるように考えて付けられたのが、キー・フォローです。通常これを機能させておけば、鍵盤によって音程が変化します。しかし、効果音などの音を作るときには鍵盤の高さの情報は不要です。

　キー・フォローはその強さを調整できる機種もあります。例えば1オクターブの鍵盤が1/2オクターブの音程に反映するように"キー・フォローの深さ"を調整すれば、2オクターブ演奏して初めて1オクターブの幅の音の変化があり、1/4音（半音の半音）の鍵盤を作ることができます。

フィルターの種類

最近のバーチャルシンセやデジタルシンセでは、さまざまなフィルターをスイッチで切り替えたり、並列／直列に2つ使用できたり、フィルターの切れ味、メーカーの特性などを切り替えられるなど、素晴らしい充実ぶりです。ただそのいずれもが、基本的には"不要なものをカットする"という役割であることを頭に入れておけば、難しいものではありません。

●ローパス・フィルター（**LOW PASS FILTER / LPF**）（AUDIO FILE29）

"低い成分を通す"という意味で、"高い成分をカットする（ハイカット・フィルター）"と言い換えられます。VCOでは、ノコギリ波のように少し倍音が多めの音を用意して、そこから不要なものをVCFでカットすることで音を整えていきます。音程として認識される最も低い成分の音は大切ですから、キンキンする高い成分からカットしていく、ということです。

カットオフ・フリケンシーで、どの周波数を境に音をカットするかを指定します。つまみを最大にするとすべての音が通過して、VCO本来の音がそのままVCAに送られます。つまみをゼロにすると、低い音まであらゆる音をカットすることになり、無音状態になります。

●ハイパス・フィルター（**HIGH PASS FILTER / HPF**）（AUDIO FILE30）

ローパスと全く逆の働きをします。高い倍音だけを通過させ、低い成分からカットしていくフィルター（＝ローカット・フィルター）です。

アナログシンセでは音の太さが重要なことが多いのですが、常にそうとは限りません。アンサンブルの中では、シンセが太いと低域でベースとぶ

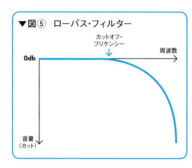
▼図⑤　ローパス・フィルター

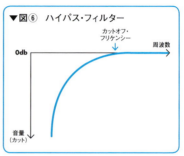
▼図⑥　ハイパス・フィルター

Filter

つかることもあります。またバンジョーやハープシコードなどのように周波数分布に特徴があり、軽めな方が際立って聞こえるものもあります。ローパスでつまみを上げれば明るい音にはなりますが、低域はカットできません。不要なローをカットする場合、ハイパスを使うのも1つの方法なのです。カットオフ周波数を強調するレゾナンスをかけると、さらに特徴が際立ちます。

●バンドパス・フィルター（**BAND PASS FILTER / BPF**）（AUDIO FILE31）

ある周波数帯域（バンド）だけを通過させ、その上下をカット。ローパスとハイパスを組み合わせた形です。バンド幅を設定するパラメーターがあり（ウィズ、Q）、広く設定すると中域全体が強調され、狭く設定すると特定の周波数だけを強調できます。電話の声のように限られた音域だけのサウンドには最適ですが、低域、高域がなくなり、中域だけの"こもったサウンド"になります。

●ノッチ・フィルター（**NOTCH FILTER**）（AUDIO FILE32）

バンドパスと逆の働きをします。指定した周波数付近をカットして、それより低い周波数と、それより高い周波数を通過させます。バンド・リジェクト・フィルター（Band Reject Filter）と呼ぶこともあります。特定の周波数だけをカットするので、劇的に音が変化するわけではありません。しかし、他の楽器と音域がぶつかる部分をカットしたり、ハウリングを起こす周波数、耳につく周波数をカットするといった、音響補正用と考えると良いでしょう。

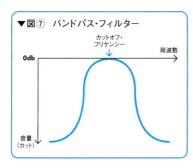

▼図⑦　バンドパス・フィルター

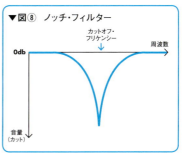

▼図⑧　ノッチ・フィルター

複数のフィルターを混ぜ合わせる　Filter

　複数のフィルターを装備したシンセも最近では増えてきました。ローパス・フィルターとは別に、レゾナンスの無いハイパス・フィルターが用意されている機種では、ハイパス・フィルターで低域をカットして音を軽くする効果があります。複数のフィルターに対して自由にフィルターの種類が設定できるものなら、ハイパスとローパスとして使用するのが一般的です。この場合、直列に2つのフィルターを通す流れが通常ですが、さらに進化して2つのフィルターを並列で使用できるものもあります。

　なお、ハイパス、ローパスで直列につないだとき、ハイパスでカットする周波数をローパスでカットする周波数より上に設定してしまうと、両方のフィルターを通る周波数が存在しなくなり、音が出なくなってしまいますので注意してください（**AUDIO FILE33：複数のフィルターで音が消える**）。

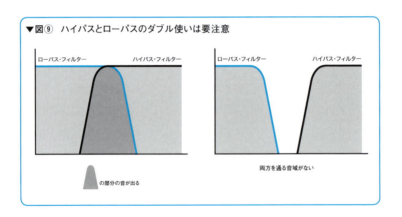

▼図⑨　ハイパスとローパスのダブル使いは要注意

　またフィルターを並列につないだ場合は、片方でフィルターをかけても、もう片方のフィルターの方から音がVCAの方に漏れてしまうということになりますので、使いこなしがとても難しくなります。

フィルターのその他の機能 — Filter

●ポール数とは?（AUDIO FILE34）

フィルターは、実際には一定の特性のフィルターを積み重ねて構成されますが、その単位が"ポール（Pole）"です。例えば1ポールだと、オクターブ当たり6dB減衰するフィルターになります。シンセのフィルターは一般的に4ポール、または2ポールで、−24dB/oct、−12dB/octという特性になります（図⑩）。最近のシンセでは−36dB（6ポール）などが搭載された機種もありますが、ポール数が多ければ当然、フィルターのキレ味が良くなります。

「ならば−12dB/octは不要だろう?」と思われるかもしれませんが、−24dB/octのフィルターではつまみの変化に音が敏感に反応しすぎて、微調整が難しいという問題が。また音がはっきりし過ぎていて、強烈さはあるが、柔らかさ、なめらかさが無い感じがします。一方−12dB/octは、より自然に倍音が減衰するので、フワッとなめらかに、つまみの動きも自然な感じがします。

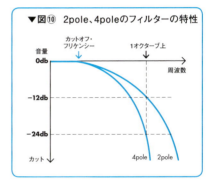

▼図⑩　2pole、4poleのフィルターの特性

●キー・フォロー

VCO（P.35）で説明したキー・フォローは、VCFにも存在します。そもそも、オクターブが違えば基音の周波数が倍違うので、一定の"周波数"でフィルターをかけてしまうと鍵盤の上の方は音が出ないことになります。"音色"という意味でフィルターを使うには、高い音域ではその周波数にふさわしく、フィルターも並行移動して高い音に移行しなくてはならないはず。その働きをするのがキー・フォローで、オンにしておくと、どの鍵盤でも音程に合わせて同じ音の明るさに設定されます。オフにしていると、高い部分は暗い音になります。ON／OFFではなく、つまみで連続的に量を調整できる場合もあります。

モジュレーションはくすぐること

●本来はどこにでもかけられるもの

　モジュレーション（Modulation）は"変調"のことで、信号によって音を変化させることを言います。PART01ではこれを、"くすぐる"という表現に例えてみました。VCOが波の形でくすぐられれば音程が波を打つ、VCAをエンベロープ・ジェネレーターの形でくすぐれば、その形で音が出たり消えたりする。このとき、LFOやエンベロープ・ジェネレーターが、モジュレーションをかける方、つまりモジュレーション・ソースになります。VCO、VCF、VCAなど、かけられる方はモジュレーション・デスティネーションです。自由に配線可能なモジュラー・シンセサイザーでは、どのモジュレーション・ソースからどのデスティネーションにも自由に配線が可能で、同じようにモジュレーション効果を出すことができました。

　一般的なシンセでは、エンベロープ・ジェネレーター1がVCFに、エンベロープ・ジェネレーター2がVCAに、あたかも取り込まれたように配置されています。しかし、あくまでこれはよく使うので専用に用意しただけで、本来はVCFやVCAの専属部分なのではありません。

●VCFにエンベロープをかける（AUDIO FILE35）

　エンベロープ・ジェネレーターをVCFにかけると、フィルターがその形で変化することはPART01でも述べました。では、実際にはそれはどんな音になるのでしょう？　よく"シンセっぽい音"という話題で、テクノ系のサウンド……「ビヨ〜ン」とか「ミョ〜ン」とか、そんな擬音語を使うことがあります。生楽器では表現できない音という意味では、これが最も"シンセらしいサウンド"かもしれません。

　これを演出しているのが、レゾナンスを上げた音とフィルター・エンベロープです。エンベロープ・ジェネレーターでモジュレーションをかけなければ、ただのレゾナンスが入ったキーンと耳に痛い音になるだけです。しかし、カットオフの値がエンベロープで変化することで、強調される周波数が動いて、このような不思議なシンセサイザーらしいサウンドになります。

Modulation

●アマウントの調整 (AUDIO FILE36)

　VCAにエンベロープ・ジェネレーターをかけるときは、VCOやVCFとは違った注意点があります。音程や音色はどれくらいの値から、どれくらい動いて、どこまで上がる……という下限、上限、そしてその差（深さ）の設定が必要です。しかしVCAは鍵盤を押さえるまでは音が鳴っていない0の状態で、鍵盤を押さえると音が出る、離すと消える……という形から、下限は音量0でなくては楽器として機能しません。そしてモジュレーション・アマウントの量、つまり"どこまで音量を上げるか？"が実際のボリュームになります。

　一方VCFでは、この方法は適当ではありません。何故なら、最低値が0ではない可能性があるからです。"どれくらい音色を変化させたいか？"は、微妙な問題です。カットオフ・フリケンシーの値と、フィルター・エンベロープ・アマウントのデプス（深さ、強さ）の組み合わせによって調整してください。まず最低の値、つまりエンベロープが働かない状態の音色をカットオフ・フリケンシーで決めて、そこから"どれくらいエンベロープ・ジェネレーターで明るい音になるか？"をエンベロープ・アマウントの値で決定します。2つの組み合わせで、その幅、強さを決めることになります。VCOも同様に、どの音程から始まって、どの音程まで上がって……という値を基準のピッチとピッチ・エンベロープのアマウント量で調整してください。

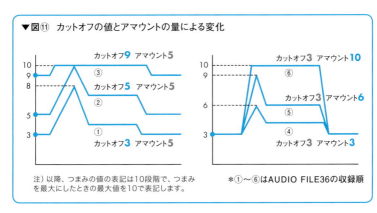

▼図⑪　カットオフの値とアマウントの量による変化

注）以降、つまみの値の表記は10段階で、つまみを最大にしたときの最大値を10で表記します。

＊①〜⑥はAUDIO FILE36の収録順

エンベロープ・ジェネレーターの詳細

●ADSRの考え方

VCAにかける音量のエンベロープ・ジェネレーターのADSRの値は、実際どのような設定にすれば、どういう音になるのでしょう？ ここではいくつかの楽器の音を実例に、その特徴を探っていくことにします。まず、イメージした音の減衰をADSRで再現するときに、以下の順序で考えてみましょう。

1 10段階でA=0、D=0、S=10、R=0のシンプルな初期値からスタート。
2 鍵盤を押していても音が持続するか？ 消えていくか?を判断。消えていく楽器ならS=0。
3 どれくらいの時間で消えていくか？ あるいは一定のレベル（Sの値）になるかでDの値を決定する。
4 鍵盤を離したときに、音はどのように消えていくかでRを決定する。
5 鍵盤を押したとき、どれくらいの時間で音が完全に出るかをAの値で決定。

では、実際に特徴的な楽器の音を例にとって、そのADSR値を考えていくことにしましょう。ADSRの値はあくまでもイメージです。実際には製品によって、その時間は違いますので耳で判断してください。

●オルガン（AUDIO FILE37）

最もシンプルなエンベロープで再現できます。鍵盤を押し続けていると音は持続。音量も最大のまま持続することが多いのでS=10、鍵盤を離したときは「プツッ」と音が切れるのでR=0。アタックにクリックのような「カツッ」という音が入るオルガンのイメージ

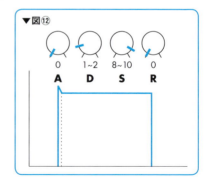
▼図⑫

にするならS=8くらいにした方が良く、その際は、D=1〜2程度にしてみるのがおすすめです。鍵盤を押せばすぐに音が出てくるので、A=0で良いでしょう。

Modulation

●笛、管楽器（AUDIO FILE38）

　管楽器は吹く楽器なので、厳密には永遠に音が持続するわけではありません。しかし、構造上は持続するという考えでSは上げておきます。ブラス系などは、アタック部分に「ブリッ」と強い音を鳴らして持続部は少し小さめ。アタック部からの減衰はD=3〜4にした上で、S=4〜6くらいが良いかもしれません。演奏をやめるときも、人間が演奏するので「ブツッ」と切ることはできません。一瞬ですが、徐々に音が切れるイメージになるので、R=2程度でどうでしょう？　最後にアタック部分も、少しだけゆるやかにA=1程度に。

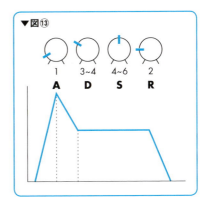
▼図⑬

●リード・ギター（ディストーション・ギター）（AUDIO FILE39）

　ギター・アンプと組み合わせた、いわゆる"フィードバック"効果を使ったディストーション・ギターは、厳密には音は減衰しますが、かなり持続しますので、アタック部より少し小さい音にしてS=8で持続させることにしましょう。リリースはR=1〜2程度でしょう。ディケイは、弦をはじく音をアタック部分に入れたいのでD=2。アタックははじくので、最も短くA=0になります。

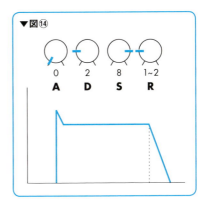
▼図⑭

043

エンベロープ・ジェネレーターの詳細

●アコースティック・ギター／ピアノ（AUDIO FILE40）

ディストーション・ギターでは、音が持続してディケイは弦を弾く音に使用しましたが、アコースティックの場合、減衰しないで音が鳴り続けるのはさすがにおかしいので、こちらはS=0にしましょう。鍵盤を離すと音はスーっと消えていきますので、R=2～4。鍵盤を押さえているときはゆっくりゆっくり減

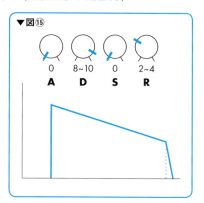

▼図⑮

衰しますので、D=8～10。アタック部分は弦をはじく、たたく構造なので速いアタックでA=0。

●ストリングス（AUDIO FILE41）

音は持続しますが、アタックより少し音量を下げてS=8～9、音が切れるときはゆったり。ホールで鳴ったときは残響もあるので、それも音色の雰囲気に取り入れればかなり長いリリースでも良さそうなのでR=4。ディケイは、ゆっくり持続するレベルに到達するのでD=4。アタックは曲によって

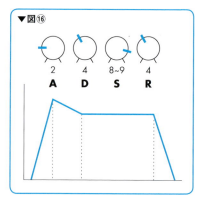

▼図⑯

さまざまですが、柔らかい雰囲気を出しながら、速いフレーズにも対応できるようなアタックとしてA=2くらいが良いのでは？　厳密に奏法の違いを再現したり、速いフレーズ、ゆったりしたフレーズを両方使いたいなら場所によってアタックの値を変える必要があるでしょう。

Modulation

●木琴、鉄琴（AUDIO FILE42）

木琴も鉄琴も音は持続しないのでS=0。打楽器なので、鍵盤を押し続けるという概念が無いので、RとDは同じ値にしましょう。木琴はかなり速く音が消えるのでD=3、R=3くらい。鉄琴なら少し長めで、D=5〜8、R=5〜8くらい。アタックは、打楽器なのでA=0。

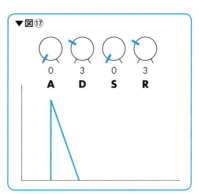

▼図⑰

●逆回転（AUDIO FILE43）

ちょっと変わった例で、テープの逆回転のようなサウンド。もちろん何を逆回転にするか？ によってそのサウンドは違うはずですが、最も効果的な逆回転風のサウンドを考えたとき、ある一定のイメージが見えてきます。つまり、ピアノや打楽器のような"アタックがあって減衰する音"を逆にし

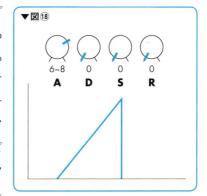

▼図⑱

て、音が徐々に大きくなって突然音が切れる感じ。普通ではあり得ないような「プツッ」という音の切れ方はD=0、S=0、R=0。正回転のときには減衰の部分だった音は、逆回転になるとゆっくり立ち上がるアタック部分になるので、A=6〜8。また、P.47で説明するエンベロープのカーブの具合を曲線に変化させる機能がある機種なら逆回転は曲線のカーブにして、最後に一気に大きくなるようにした方が"逆回転感"が強まります。

エンベロープのリバース・スイッチ　Modulation

　フィルターにエンベロープをかけるときも、アンプのエンベロープと同じように考えれば良いでしょう。しかし、実はエンベロープ・ジェネレーターの動きについて詳しくなればなるほど、"エンベロープでは表現できないはずのフィルターの動き"を耳にすることがあります。明るい音から一瞬で音が暗くなって、そこから夜明けのようにフィルターが徐々に開いていくといった雰囲気のサウンド。通常のADSRでは表現できません。実はこれは、エンベロープを上下反転させたものを利用しています。エンベロープの所に、リバース・スイッチやマイナス方向へかけるつまみが用意されていれば、エンベロープの逆の動きをVCFなどに使用することができます。

　VCFを例にすると、鍵盤を押すと、徐々にフィルターが閉じて暗くなり（アタック）、その後頂点まで暗くなってから、徐々に開いていきます（ディケイ）。A=3、D=6、S=2、R=5のエンベロープなら、リバースさせると図⑲のようにA=3で音が暗くなり、D=6で徐々に音が明るく。S=2でかなり明るい音で持続、離鍵でさらに明るい音になり、消えていきます（**AUDIO FILE44：エンベロープの上下リバース**）。

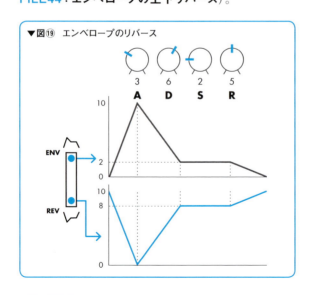

▼図⑲　エンベロープのリバース

エンベロープのカーブ　　　Modulation

　見た目で分かりやすいように、今までエンベロープの図を書くときに直線で表記していました。しかし実際には、このカーブは微妙に曲がっていることがあります。これは回路の特性で、多くの種類、個体差などがありそうな所です。デジタル時代になって正確に計算でこれらの変化も再現できるようになった今、製品によってはこのカーブの特性を自由に変更できるものもあります。一般的には直線的なカーブをリニアと言い、Linearの略として"LIN"と表記します。下図のような曲線になるものをエクスポネンシャルといって"EXP"と書きます。エクスポネンシャルは、数学のときに学んだことを憶えている方もいらっしゃるでしょう。二乗のグラフのカーブに似ていますね。そうです、実際これは"指数関数"の曲線でExponentialの略です。

　EXPでは、最初ゆっくり徐々に速くなって最後は高速で一気に値を増やす感じになるので、音量や音程にかけたエンベロープの変化も実際にそういう感じになります。筆者の感想としてはEXPの方が雰囲気は良いのですが、かけすぎたときに、立ち上がりが極端に悪くなるので（その分、最後のスピード感が強烈に）、かけすぎ注意。そしてEXPを使うには慣れが必要だと思います。

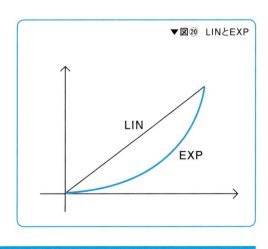

▼図⑳　LINとEXP

LFOは低周波数のオシレーター Modulation

　エンベロープ・ジェネレーター同様、必ずシンセサイザーに搭載されているモジュレーションがLFOです。LFOは、ロー・フリケンシー(低周波数)のオシレーターという意味です。実際にそれを高周波数まで速くすれば、普通のオシレーターのような音になります。LFOセクションに用意されているパラメーターとしては、波形の選択、周期の速度、ディレイ、キーボード・トリガーなどがあります。

●波形 (WAVEFORM)

　PART01で説明したのでここでは説明しませんが(P.22)、波形の違いで全く違った効果が出ますので、VCO以上に波形の選択は大切です。

●スピード (SPEED)

　波形の次に大事なのがスピードです。速い方が良いとか、遅い方が良いなどという決まりは一切ありませんが、その音楽の中で最も心地良い速度、揺れを丁寧に選択する必要があります。かける深さとスピードの関係も大切です。軽くかけるときは、速度を速くしないと分かりにくいことがあります。逆に深くかける場合は、速度を遅くしないと違和感があることが多いようです。

●深さ (DEPTH)

　LFOをどれだけの強さ、深さでかけるか?という値です。これは、かけられる側の方で「どのモジュレーションを受け取るか?」「どれだけ受け取るか?」というパラメーターとして用意されていることもあれば、送る側のLFOの方に「どこにかけるか?(DESTINATION)」と「どれだけかけるか?(DEPTH)」を設定するつまみが用意されていることもあります。

　中には、マトリクス・モジュレーションという"何を、どこに、どれだけ"を配線的に指定する場所が用意されたシンセも多くなってきています。こちらは非常に自由度が高く、さまざまなものを使って、さまざまなものを変調させることができます。

LFOの使える機能　　　　　Modulation

●ディレイ（DELAY）

　LFOでオシレーターを揺らすビブラートは、ギター、バイオリン、歌などでよく使用されます。通常かけっぱなしではなく、音をのばす所で徐々にビブラートをかけていきますが、

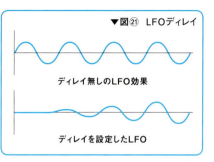

▼図㉑　LFOディレイ

ディレイ無しのLFO効果

ディレイを設定したLFO

これをスムーズに自動的に行えるようしたのがディレイです。LFOがかかり始めるまで、時間を遅らせて、少ししてからLFOがかかり始めるという意味での"遅れ"の設定です（AUDIO FILE45）。

●キーボード・トリガー（KEYBOARD TRIGGER）

　LFOでフィルターを波うたせると、音には明るい部分と暗い部分が発生します。するとLFOの速度によっては、暗い状態から始まったり、一番明るい音のときに始まったりします。これが効果的なのがテクノ系のシーケンス・フレーズに、ゆっくりとしたフィルターがかかったサウンドです。徐々に音が明るくなっていったり、暗くなっていったりします。

　しかし、バッキングでいつも同じパターンでワウがかかっているといった効果のときは、音が出るときはいつも同じLFOの位置から動き始めてくれた方が好都合。鍵盤を押さえる度に、LFOの動きを毎回同じ場所からスタートさせる機能がこのキーボード・トリガーです。シンク（SYNC）と呼ぶ機種もあります。トリガーを有効にした方が良い場合と、無効にした方が良い場合があります（AUDIO FILE46）。

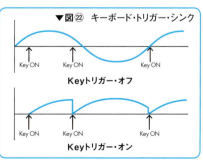

▼図㉒　キーボード・トリガー・シンク

Keyトリガー・オフ
Key ON　Key ON　Key ON

Keyトリガー・オン
Key ON　Key ON　Key ON

LFOの変わった使い方 ── Modulation

LFOの使い方はビブラートやワウ、トレモロだけに限りません。強さ、速度、波形によってさまざまなアイディアを実現できます。

●コーラス効果（AUDIO FILE47）

LFOは周期的な変化をさせるモジュレーターですが、似たように周期的な変化を出すエフェクターと言えば何でしょう？ 最も有名なのはコーラスやフランジャーです。実はこれらもLFOを利用しています。これらの効果は原音と周期的にピッチを変更したエフェクト音を混ぜることで実現されます。シンセでもこの効果に近いことができます。

2つのオシレーターを持つシンセで、一方のオシレーターにだけLFOでモジュレーションが可能なら、ビブラートより軽くピッチを揺らします。もう一方は一切揺れの無いサウンド。この2つを均等に混ぜると、気持ちの良いコーラス・サウンドがエフェクター無しで再現されます。LFOの波形は三角波かサイン波を選ぶと、なめらかに音が揺れます。

●クロス・モジュレーション（AUDIO FILE48）

LFOでビブラートをかけながら、その周波数（速度）をどんどん上げていくとどうなるでしょう？ もうビブラートという感じではなくなり、ブルブルと震えた感じに。機種によっては、LFOの速度はかなり速くすることができます。そうなると、LFO自体が音程を出すほどの高い音、つまりLFOではなくVCO的になってきます。これはP.34のオシレーターの部分で説明した"VCOでVCOをモジュレートする"クロス・モジュレーションと同じ意味になります。

さらに言えばこれはFMとも言えるわけですが、実際には波形がサイン波でなかったり、オシレーターの不安定さなどから、いわゆるFM音源のようなサウンドではなく、もっと荒々しい金属的な音になります。クロス・モジュレーションやFMが搭載されていない機種でも、こうやってLFOを高速にするだけで、似た効果を出すことができます。

Column 03
倍音ってなに？ ── ②

　PART02ではVCOの具体的な波形を詳しく説明しました。倍音構成の視点からより深く理解していただくために、各波形の実際の倍音の構成を見てみましょう。まず基音だけの場合、波形はサイン波の形になります。それに2倍音を加えると、下図のように同じ長さで2倍の振動がある波形を足し算することになり、波形が変化します。このように、基音と各倍音の組み合わせ方を変えることで、さまざま波形の形成が可能となるわけです。

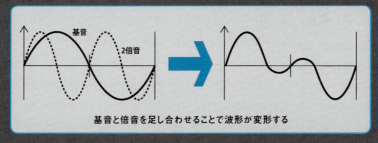

基音と倍音を足し合わせることで波形が変形する

　では実際にVCOの各波形は、どのような倍音成分が含まれているのでしょう？　スペクトルアナライザーで表示させると以下のようになります。

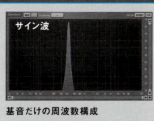

基音だけの周波数構成

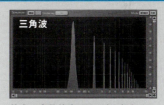

基音に奇数倍音だけが少し加わる

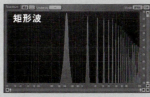

基音に奇数倍音だけが多く加わる

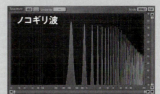

基音にすべての倍音が加わる

その他のモジュレーション

●サンプル&ホールド（**SAMPLE&HOLD/S&H**）

　PART01で、LFOの波形としてサンプル&ホールド（S&H）を紹介しました。しかしS&Hは正確には波形ではなく、S&H回路（あるいはモジュール）によって生成されたモジュレーション信号です。

　サンプル&ホールドは、文字通り"サンプルしてホールドする機能"です。ある波形をS&H回路に入力し、LFOや自由なトリガーで抽出（抽選）してやります。そして、次の抽選まではその値を保持（ホールド）して出力に送ります。ちょうど"ルーレットがぐるぐる回っているときに抽選ボタンを押して、その結果は次の抽選の時間まで当たり番号として張り出す"という感じ。

　ではパルス波のLFOを使ってこれを抽選タイミングとして、ノイズの波形から抽選をしてみましょう。ノイズはあらゆる周波数の音が雑然と並んだものです。これを一定時間ごとに抽選してやれば、全くランダムな数値が並ぶことになります（**図㉓**）。

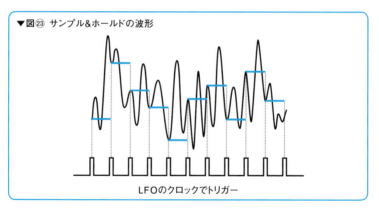

▼図㉓　サンプル&ホールドの波形

LFOのクロックでトリガー

　S&H自体はいろいろな波形を使って抽選作業ができますが、ノイズを使った乱数の集まりが最も有名で、一般的にこの情報のことをS&H波形と言います。これでVCOをモジュレートすると"星くず""銀河"のようなイメージの、音程の定まらないランダム音が作れます（**AUDIO FILE 49：サンプル&ホールド**）。

Modulation

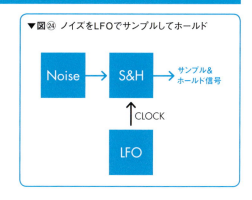

▼図㉔ ノイズをLFOでサンプルしてホールド

● **ノイズ**

　S&Hを使うときのちょっとした疑問。「わざわざS&Hを使わなくてもノイズをそのままモジュレート信号に使えば?」という気になりますが、ノイズをそのまま使用すると、常に値が変化しているので、"銀河"のようなイメージのサウンドにはなりません。もっとグチャグチャの、まさにノイズがかぶさったような音になります。単にノイズとVCOのオシレーターの音をミキサーで混ぜただけだと両者が一体化した感じにはなりませんが、ノイズでモジュレーションをかけたオシレーターの音は微妙な音程の揺れがあり、ノイズとオシレーターが一体になった、荒れ狂うまさにノイジーなオシレーターになります（**AUDIO FILE50**：**ノイズでVCOをモジュレート**）。

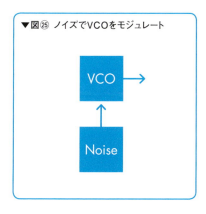

▼図㉕ ノイズでVCOをモジュレート

その他のモジュレーション

●外部入力

　より複雑で、自由度の高いモジュレーションとして究極の方法は、外部から何か音を入れて、モジュレーションに利用するという方法でしょう（**図㉖**）。ただしこれができるシンセはかなり限定されており、古いモジュラーシンセや、自由度の高いシンセでなくてはできません。外部入力をオシレーターとミックスできる機種は多いのですが、モジュレーターとして使用できるものは少ないようです（**AUDIO FILE51：外部入力でVCOをモジュレート**）。

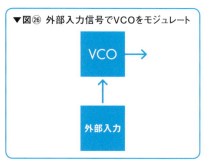

▼図㉖　外部入力信号でVCOをモジュレート

　例えば、ラジオのしゃべり声やマイクで収録した声を入力してみましょう。これもノイズ同様、単に外部入力としてミックスするのでは、声にフィルターがかかる程度です。しかし、VCOへモジュレーションとして使用してやると、声の調子に合わせてオシレーターが変化します。微妙に違いますが、ボコーダーのようにしゃべるようなオシレーターの音が鳴ります。ドラム・パターン、ブレイクビーツなどのループを入力してやれば、リズミカルに音程が上下して、不思議なシンセサウンドになります。他にもエレキギターや、他のシンセサイザーの音、CDで音楽を入れるのも面白いかもしれません。

　さらにチャレンジしようというのなら、自らのアウトプットの音をモジュレーション・ソースに使う方法があります。通常のアウトプットは音を出すのに必要ですから、ヘッドフォン・アウトを利用すれば、通常の出力以外に出力が確保できます。これをその音自身のオシレーター・モジュレーションに使ってみましょう。それでオシレーターの音が変化する。するとヘッドフォン・

Modulation

アウトの音も変化して、モジュレーションも変わってくる、さらにオシレーターの音が変わる、といった具合にフィードバックを繰り返すことになります。予測不能な音の変化とともに、オシレーターのピッチや、フィルターのカットオフ・フリケンシー、レゾナンスを動かせば、とてつもないクレイジー・サウンドを発生します（**AUDIO FILE52：MS-20のフィードバック・サウンド**）。

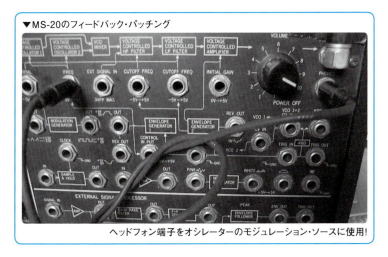

▼MS-20のフィードバック・パッチング

ヘッドフォン端子をオシレーターのモジュレーション・ソースに使用！

●プラグを指で触る!?

さらに特殊な例として、パッチ式のモジュラーシンセなら、パッチ・ジャックにプラグを差し込んで、反対側のプラグを指で触るだけでも音程に変化があります。これは抵抗値が変わるからですが、同様に1.5Vの電池をつないでも音程が変化します。電圧で制御されているという最初の説明から考えればこれも当たり前ですね（**AUDIO FILE53：パッチで電池を接続**）。

こう考えると電池、抵抗器で簡単な装置を作れば、音程をコントロールする外部装置までできそうですね。「あれ？　これってモジュレーションというより、まるで外部コントローラーじゃないの?」。そうなのです。実はモジュレーターとコントローラーは極めて似たものなのです。これについては次ページで詳しく解説しましょう。

コントローラーあれこれ

●手動で変化させるものはコントローラー

　この本はアナログ・シンセサイザーの音作りについて解説しています。しかし実際には、音を作っただけでは良い音を出して良い演奏はできません。バイオリンがたとえ高価だったとしても、誰が演奏しても良い演奏になるとは限らないのと同じです。作った音をさらに生かすためには、微妙な変化を付けたり、意志を反映したコントロールができることが必要です。

　シンセのパネル上にはさまざまなつまみ、スライダーがあります。これらを直接手で動かす作業は、演奏前の段階であれば"音作り作業"ですが、演奏中であれば"リアルタイム・コントロール"という言い方をしても良いでしょう。つまり演奏しながら、音を聴きながら、瞬時に音を変化させていくという作業です。つまみはさまざまな場所にちらばっているので、操作しにくい場合があります。そこで多くのシンセでは、手の届きやすい場所にレバーを用意したり、足にペダル、ボリュームなどを用意したりして、さまざまなパラメーターを操作できるようにしてあります。

　VCO、VCF、VCAなどのパラメーターを変化させるので、今まで説明したLFOやエンベロープ・ジェネレーター同様、広い意味で"モジュレーション"と言えなくもないのですが、演奏者が意識して自由に制御できるという点で"コントローラー"と呼ぶ方が一般的です。

▲MOOG Minimoog

▲ROLAND SH-101

▲KORG M3

Controller

●ホイールとベンダー

　コントローラーの中で最も使用されるのが、ピッチ・ベンダーとモジュレーション・ホイールでしょう。ピッチ・ベンダーはレバーを使って主にピッチ（音程）をなめらかに上下させるもので、変化させる幅も半音から数オクターブまで調整可能です。ギターのチョーキングという奏法に似ており、自由に音程を動かすことができます。音程以外の調整にアサインすることが可能な機種もあるので、単にベンダーと呼んだ方が良いでしょう。

　モジュレーション・ホイールは、設定次第でさまざまなパラメーターをコントロールできます。レバーの幅が広いので、軽くかけたり深くかけたり、微調整が可能です。よく使用されるのはビブラートで、"LFO→VCOピッチ"のアマウント量をコントロールして、ビブラートの深さを指定します。

　形状で一般的なのは、MOOGのMinimoogに搭載されていた2つ平行タイプ。ベンダーはセンター・クリックがあり、奥に動かすと音程が上がり、手前に動かすと音程が下がります。ホイールは手前が0の値で、奥に動かすと値が上がります。KORGは古くからジョイスティック一体型、ROLANDも古くからベンド／ホイール一体型です。古いOBERHEIMやCHROMAには、2つのレバー式変形ベンドが使用されていました。CLAVIA DMI製品は石のような質感の細いホイールと、木製のバネの付いた左右のベンドという変わったスタイルです。

▲YAMAHA DX7

▲OBERHEIM Matrix12

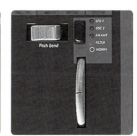
▲CLAVIA DMI NordLead

コントローラーあれこれ

●リアルタイム・コントローラー

　ソフトウェアシンセではつまみをマウスで操作しなくてはなりません。同時に2つ以上のつまみを操作できなかったり、目的のつまみにマウスを合わせる作業がとても難しい場合があります。またハードウェアでも機能が多すぎて、つまみが十分装備されていないこともあります。

　演奏中に表情、変化を付けるためには、やはりどうしてもパラメーターのつまみを指で動かしたいところです。そういったときに便利なのがリアルタイム・コントローラーです。

　コンピューターにUSBやMIDIで接続して使用できるものが多く、演奏中によく使用するフィルターのカットオフ・フリケンシーやエンベロープ・ジェネレーターのアタック、リリースなどをアサイン（割り振り）して操作します。各つまみとパラメーターの対応が自由に設定できるため、あるつまみが常に特定のパラメーター専用となるわけではありません。そのため、操作ミスが起こることもあります。しっかり対応を確認して使用しましょう。

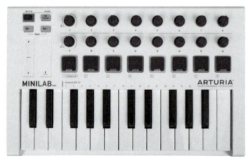

▲入力鍵盤につまみやパッドが付いたリアルタイム・コントローラー（ARTURIA Minilab MKⅡ）

▲つまみだけが使用できるタイプのリアルタイム・コントローラー（KORG NanoKontrol2）

Controller

●その他のコントローラー

他にどんなコントローラーが存在するでしょう？　指で押さえると値をなめらかに、あるいは突然にでも変更ができるリボン・コントローラー。それがX-Y軸両方で使用可能なタッチ・パッド。息を吹きかける強さでパラメーターを変化させ、管楽器のニュアンスを再現しようとしたブレス・コントローラー。さらに、ROLAND製品には手をかざすだけでさまざまなパラメーターを操作できるD-BEAMというコントローラーもあります。

また両手で演奏するときには、空いている足によって操作ができるのが便利なフット・コントローラーなどがあります。

▲MOOGのリボン・コントローラー

▲YAMAHAのブレス・コントローラー

◀MOOGのフット・コントローラー

▲タッチ・パッドを備えた KORG Kaossilator Pro+

▲ROLAND FA-08の　D-BEAMコントローラー部分

エフェクター

　VCAで音量が設定されれば後は音を出すだけのシンセサイザーですが、近年の製品ではほとんどがエフェクター内蔵になっています。この場合、作られた音が最後にエフェクターを通過します。また、内部がミキサー構造になっており、センド／リターンの形でエフェクトをかけるものもあります。

　エフェクトの種類は、一般的なエフェクターと同じですが、少し解説しておくことにしましょう（**AUDIO FILE54**：**エフェクト無し**）。

●**ディレイ**（**AUDIO FILE55**）

　ディレイは、山びこのように音が遅れて反復されるエコーです。ある程度大きな音で何度か繰り返される形。繰り返しの時間（TIME）、繰り返しの回数（FEEDBACK）などのパラメーターを設定して、残響を作ります。リードシンセなどを効果的にカッコよくするには不可欠なエフェクターですが、曲のテンポとの兼ね合いを考えないと、逆に邪魔な音になってしまうこともあります。

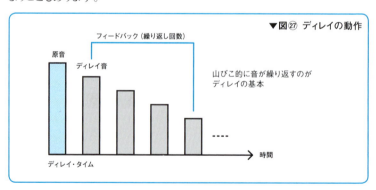

▼図㉗　ディレイの動作

●**リバーブ**（**AUDIO FILE56**）

　部屋、洞窟、ホールなどのような壁面がある場所で、さまざまな場所で音が反射して響く音がリバーブです。ディレイが繰り返しなのに対して、こちらは残響。小さなディレイ音が大量に集まって全体的に響いています。響き方の種類、部屋の大きさ、実際のエフェクターの方式などによって、ルー

Effects

ム、ホール、プレート、スプリングなどの種類があります。お風呂やカラオケのマイクで歌うとうまく聞こえるのは、このリバーブのおかげです。あまりかけ過ぎると全体がモヤッとして分かりにくくなりますので、注意が必要です。

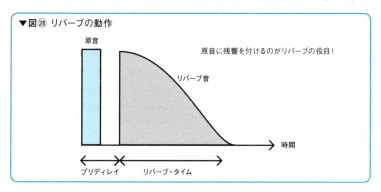

▼図㉘ リバーブの動作

● コーラス（AUDIO FILE57）

　デジタル・ディレイの技術があれば、値の設定、パラメーターの追加でコーラスやフランジャーを作り出せます。そのため、ほとんどのシンセ内蔵のエフェクターでは、ディレイ、コーラス、フランジャーが搭載されています。

　コーラスは、1人の演奏ではなく、複数の楽器が鳴ってアンサンブル効果が出ているようなサウンドです。ディレイの回路で短いディレイ（10〜20msec）を用意し、ディレイ・タイムをLFOで揺らして得られる効果です。

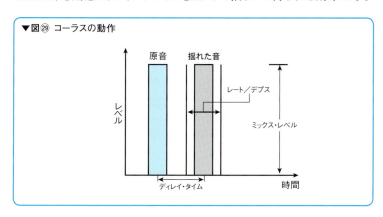

▼図㉙ コーラスの動作

エフェクター / Effects

●フランジャー（AUDIO FILE58）
コーラスをドギつくした、ジェット機が飛んでいるようなサウンド。フィードバック回路もありさらにドギついジェット音になります。

●フェイザー（AUDIO FILE59）
フェイズ・シフターとも呼びます。位相（フェイズ）をシフトさせた音と原音をミックスして、音の干渉で「シュワーー」という音を出します。

●コンプレッサー／リミッター
ボーカルや生楽器のレコーディングでは必要不可欠。過大な入力を抑えて一定のレベルにするものです。音量が均一化され聞きやすくなります。また不必要に過大な音を抑えることで全体のレベルを底上げする効果もあります。

●ディストーション（AUDIO FILE60）
ロックギターでは不可欠な歪みを加えるエフェクター。シンセでも荒々しい音にすることができます。シンセの回路の中でも過大入力があれば歪みが発生しますが、最近のシンセではそれをパラメーターとして用意しているものもあります。キレイなサウンドだけがシンセの分担ではありません。荒々しいサウンドにも挑戦してみましょう。

●イコライザー
シンセのフィルターは大胆に音域をカットしますが、より細かく周波数を絞って音域別のレベル調整を行うのがイコライザーです。シンセの最終出力の前に搭載されている場合もありますが、シンセをつないだミキサーの方でもイコライジングは可能です。シンセ本体だけで音を完成させるのではなく、レコーディングしたトラックやミキサーでのイコライジングも利用しながら音作りすることを心がけましょう。

音の流れ　おさらいと応用　　Review

　ここでもう一度、音の流れについて復習しておきましょう。PART02で解説したように、実際のシンセではPART01のP.16にある図よりも、もう少し複雑（VCOが3つ、VCFが2つなど）な構造になります。ただ、音の流れに変わりはありません。VCOが複数のときはそれがミキサーで1つになってVCFへ、VCFが直列または並列に2つ装備されている場合は、そこを通ってVCAへ流れます。つまり以下の図のようなバリエーションができることになります。

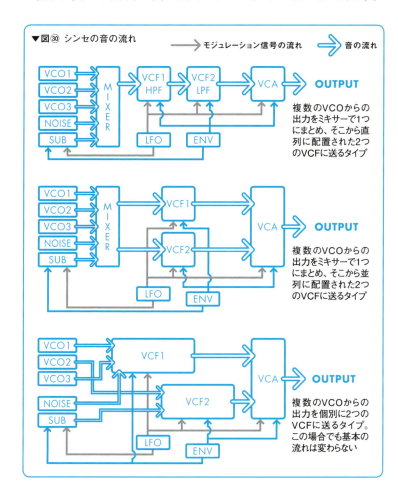

▼図㉚ シンセの音の流れ

A BASIC GUIDE TO SYNTHESIZER

Column04
ピッチ・ベンドの使い方

　ピッチ・ベンドは本来のピッチ（音の高さ）で発音するセンター（中心）を基準にして上下に動き、動かす方向によってピッチを高く、または低く発音させることができます。このとき、ベンドダウンの状態からセンターに戻す、あるいはセンターからベンドアップしても、同じように音は高くなります。ベンドはセンターで止まるようになっていたり、手を離すとバネによってセンターに戻るようになっていますので、ベンドダウンの状態からセンターに戻した場合は、本来より低いピッチ→本来のピッチが得られますが、センターからベンドアップした場合は、本来のピッチ→本来より高いピッチで発音することになり、得られるピッチがベンド操作の加減に左右され不正確になってしまいます。そのため、ベンドは、"どっちの音のピッチの正確さが重要か?"を考えて、重要な音の方がセンターの位置（正しいピッチ）で演奏できるように操作するのが基本と言えます。

　例えば、下の譜例の3カ所のベンド操作は、①は到達する音のピッチが大事なのでベンドダウン状態からセンターへ、②は最初と最後の音が大事なのでセンターからベンドアップしてセンターへ戻す、③は持続している音が大事で、下げたときのピッチはそれほど正確である必要がないので、センターからベンドダウンという形が適切でしょう（**AUDIO FILE61**：**ベンドの使い方**）。また、ベンド幅はこのような装飾音符的な使い方の場合、±2（上下とも半音2つ）などに設定しておくと演奏しやすいと思います。

　なお、ベンド幅が2オクターブ以上設定できる機種では、幅の値を広く設定し、地の底に落ちていくような（ダウン）、宇宙に飛んでいくような（アップ）イメージの演奏も可能です（**AUDIO FILE62**：**広いベンド幅の使い方**）。

①ベンドダウン状態→センターへベンドアップ　　②センター→ベンドアップ→センターへベンドダウン　　③センター→ベンドダウン

ビンテージシンセ
ギャラリー
VINTAGE SYNTH GALLERY

ギターで言えばフェンダー、ギブソン。バイオリンならストラディバリウス、ジーンズならリーバイス……。本来"名品"というような意味の"ビンテージ"ですが、古くて貴重というイメージが加わり一般的になっている言葉です。シンセサイザーにもあるビンテージ。ソフトでサウンドが忠実に再現可能になっても、やはり"ホンモノ"はあこがれの存在です。ここでは、一般的に有名なビンテージシンセを紹介しましょう。ただし珍しいだけのものではなく、中古市場で購入可能で、音質／機能面で購入の価値があるモデルを選びました。

part 03

part
01
02
● 03
04
05

MOOG
MiniMoog

1970年発売。モジュラー・シンセサイザーのパッチングをあらかじめ行い、内部配線して小型化した世界初のコンパクト、ライブ用アナログ・モノフォニック・シンセサイザー。多くのアーティストが使用しています。最も初期の小型シンセながら、結果としてアナログシンセはこのMiniMoogを超えることができなかったのか？ 最初にして最高で最も人気のある機種です。その後MIDIの時代になって、ラック・マウント、MIDI仕様に改造した製品がガレージ・メーカーによって製作されましたが、厳密には微妙に違う音になっているようです。2002年には開発者のBOB MOOGが最後に開発したMinimoog Voyagerが発売されましたが、近いサウンドながら別の製品、内容になっています。モデリングしたソフトウェア・バージョンもいくつか発売されています。

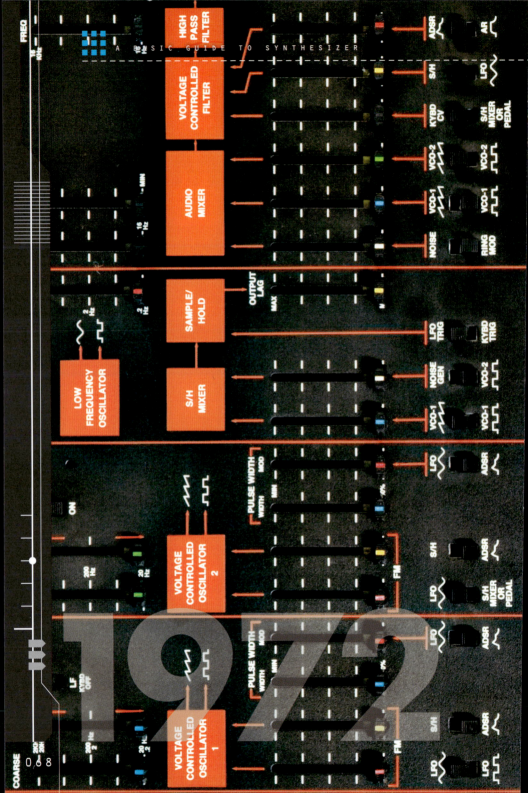

ARP Odyssey

part
01
02
03
04
05

ARPはMOOGやBuchlaから少し遅れて、1970年にモジュラー・シンセサイザーModel2500を発売しました。これはそれまでのパッチングと違い、マトリクス・スイッチ・パネルが使用されています。72年にMiniMoogに対抗する形で発売した小型モノフォニックシンセがARP Odysseyです。MOOGが回転式のつまみだったのに対し、直線的なスライドタイプのつまみにしたり、オシレーターは連続可変の周波数設定、モジュレーションにプレッシャー・センシティブ・パッドを使ったり、さまざまな違いを見せています（初期型は白色のボディだった）。同社は他にもModel 2600やPro-Soloistなど優れた製品を発表しましたが、残念ながら倒産。2015年、KORGが当時の回路を完全再現した復刻版をミニ鍵盤の縮小サイズで発売、さらにフルサイズ鍵盤版も発売され、低価格で手に入れやすいものになりました。

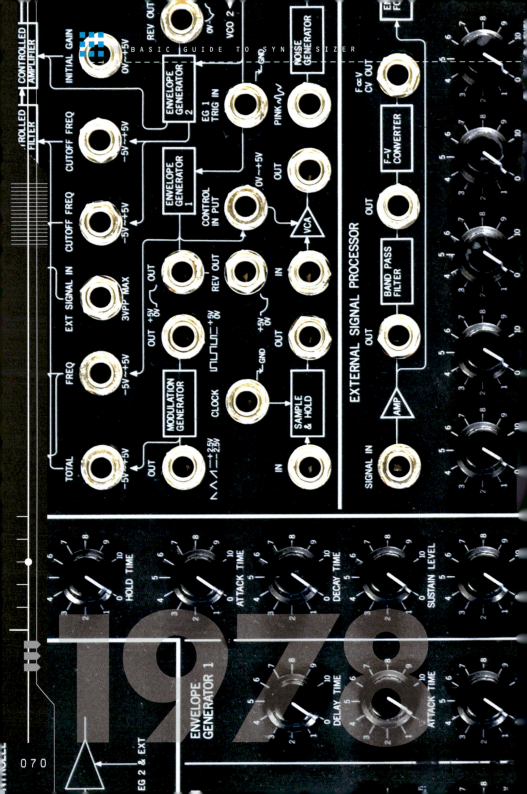

KORG MS-20

1978年、KORGが発売したモノシンセ。日本でのシンセサイザーの紹介のされ方は、間違いなくメカ、機械好きな少年を刺激するものでした。そして、その"メカニカル"な部分とは、つまみとパッチングでしょう。意味も分からずにあのパッチングをやってみたいとあこがれたものです。そのパッチングを小型のシンセに盛り込んで、拡張性の高い製品に仕上げたのがMS-20でした。当時としては珍しいローパス・フィルター、ハイパス・フィルターの2VCF。その両方にレゾナンスが使用できるようになっており、独特のねばりとコシのあるサウンドが特徴です。その後、同社からKORG Legacy Collectionsとしてソフトウェアバージョン、iPad版、さらにハードウェアでミニ鍵盤サイズの復刻版、フルサイズ鍵盤の復刻版組み立てキット、鍵盤なしのモジュールキットまで発売され、70年代発売当初よりも盛り上がりを見せているほどの人気となっています。

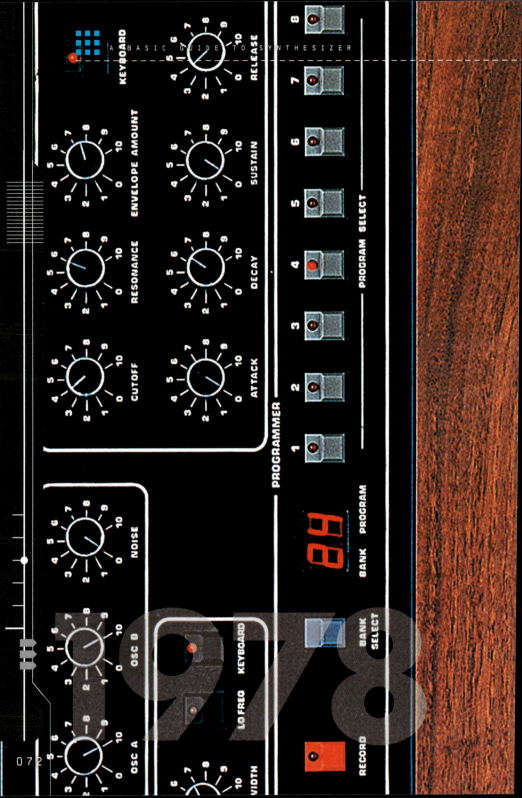

SEQUENTIAL CIRCUITS
Prophet-5

シンセサイザー業界では、最初の1台が最高の1台になる傾向があるようです。アナログモノのMOOG MiniMoog、デジタルのYAMAHA DX7、アナログモデリングのCLAVIA DMI Nord Lead。プログラム可能なアナログ・ポリフォニックシンセでは、このProphet-5もまた最高傑作です。1978年、その後のポリシンセのデザイン／スタイルの基本になる形を作り上げ、数々のアーティストが愛用し大人気の製品に。YMOの坂本龍一が使用していたことでも有名です。強烈なサウンドを提供するポリモジュレーション・セクション、ポリフォニックで演奏して温かみのあるストリングス系サウンド、ユニゾンでオシレーターを5つ同時発音させることで得られる強烈なリード・サウンドなど、魅力満載です。改良によりいくつかのバージョンがあり、音がどう違うとよく議論されることでも有名です。近年、ほぼ復刻版とも言える見た目とサウンドに現代的な機能を装備したProphet-6などの製品も発売されています。

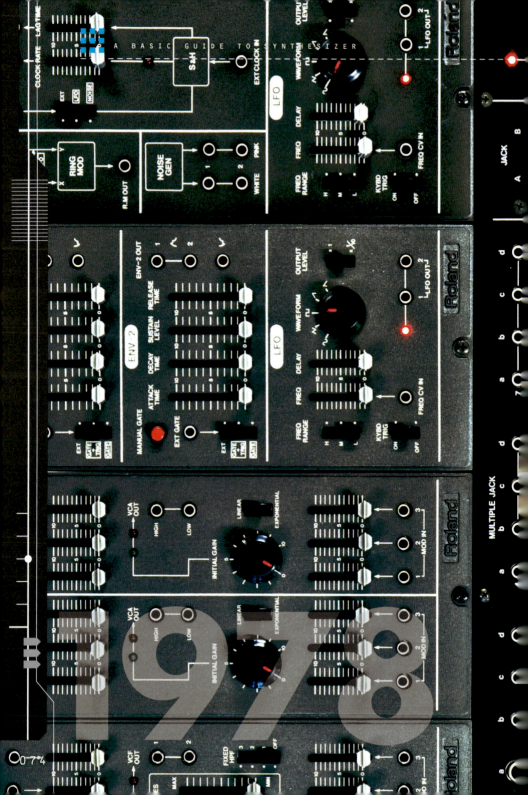

ROLAND
System-100M

最近はソフト等でモジュラー・シンセサイザーのようなパッチングによる音作りをディスプレイ上で行えますが、1970年代当時はパッチ式、大型シンセは数百万円以上の製品であこがれの存在でした。パッチングできる小型シンセとしてKORGのMS-20やMS-50があったり、ROLANDのSystem-100にはパッチングができるジャックがわずかに装備されていた状況です。System-100の名を継承して78年に発売されたこの製品は、モジュラーシンセの小型化に成功した素晴らしいものでした。VCOやVCF、エンベロープ、LFOといった各モジュールを自由に組み合わせて、電源付きのシステム・ラックに組み込んで独自のシンセを作れたのです。モジュラーシンセは、現在でもユーロラックというモジュールの規格を元に、さまざまなメーカーが発売しているモジュール（各部品）を組み合わせて自由に自分のシステムを組み込むスタイルで根強い人気が続いています。

ROLAND
SH-101

SHという"由緒ある"シリーズ名は、2000年代以降、形としては復活しましたが、当時の実際のアナログ・モノフォニック・シンセサイザーとしては最後、そしてROLAND最後のアナログシンセと言っても良いのがSH-101です（正確には似た形で小型、シーケンサーを含んだMC-202が最後）。1982年発売。当時としては破格の定価59,800円。時代は音色メモリー、デジタル・オシレーター、ポリフォニック、MIDI化とすさまじい勢いでデジタルに変貌していくその直前。最後にして、"初心者向け"という点では最高の分かりやすさと使いやすさを持った、完成度の高いアナログ製品だったのではないかと思われます。1VCOながら、サブオシレーターを搭載しているために意外と太いサウンドも作ることができました。現在では同社のSYSTEM-1という機種でモデリング・テクノロジーを使ったSH-101 PLUG OUTや、BoutiqueシリーズのSH-01Aというコンパクト・サイズの製品として復刻されています。

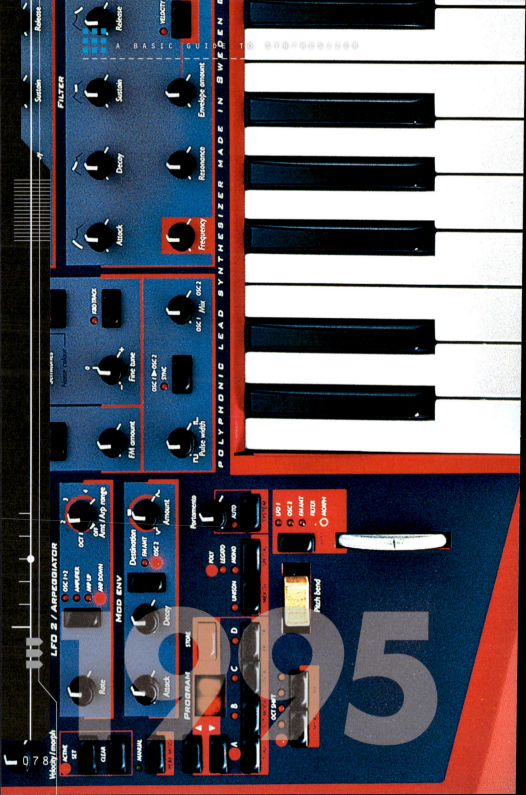

CLAVIA DMI
NordLead

　DDrumというエレクトリック・ドラムを開発していたスウェーデンのCLAVIA DMIから、1995年、突如発表されたアナログ・モデリング・シンセサイザー。当時は、デジタルシンセに対する不満を感じても、アナログシンセは中古市場やガレージメーカーの製品に頼らざるを得ない状況でした。そんな中で登場したこのNordLeadは、デジタルでありながら、鮮烈な赤いボディに石のような感触のホイール、木製のベンダー、そのクールなボディにつまみを完全復活させ、サウンドもデジタルの良さを取り入れつつアナログ好きを納得させるテイストを持っており、以後のアナログシンセの復活を予感させる製品となりました。その後、アナログのモデリング技術はソフトウェア音源へ、あるいは本当にアナログ回路を使ったシンセの復活などを経て、現在、アナログシンセは60～70年代以上の盛り上がりを見せています。その"アナログ復活"の歴史的なスタート地点にある製品として、あえてここで他のビンテージシンセと並べて紹介することにしました。現在も同社は徐々に進化しながらNordシリーズを発売し続けています。

BASIC GUIDE TO SYNTHESIZER

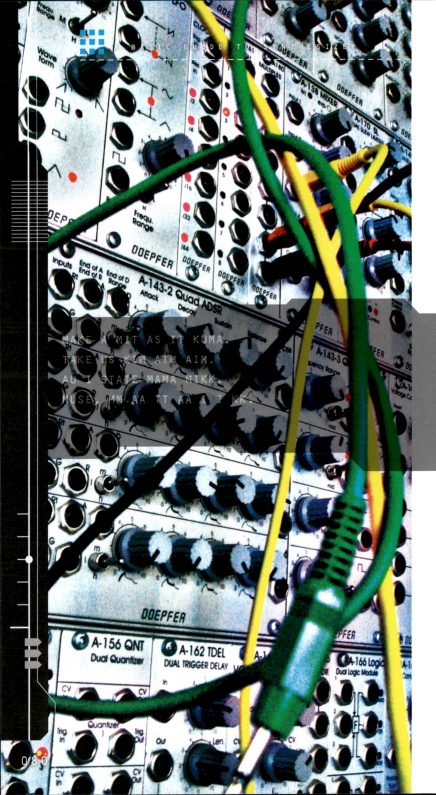

MAKE A MIT AS IT KUMA.
TAKE US KIM ATM AIM.
AU I STATE MAMA MIKK.
MUSE MM AA TT AA A I KK.

音作りの実例
ACTUAL EXAMPLE

さあいよいよ、シンセサイザーを実際に使って音作りをしてみましょう。最近のシンセはほとんどが、あらかじめ作られた大量のプリセット音を持っています。しかし昔のシンセはメモリー機能もありませんから、これらの音色をゼロの状態から毎回作って演奏していたのです。それができるのとできないのでは、たとえプリセット音を使っても、その音の"変更方法""微妙な修正"で違いが出ます。「どこがどうなっているから、その音がそういう風に鳴っているのか?」は、どんな時代でも絶対に必要な知識です。ゼロから音を作ってみる気持ちで進めてみましょう。

part 04

はじめに

　この章ではシンセサイザーのパネルで実際に、さまざまな音色を作ってみようと思います。しかしここで紹介している右ページ下のシンセは、実在はしません。筆者が今回用に考えた、紙の上だけの想像のシンセです。

　巻頭でも書きましたが、コンピューターの本の多くは数年後には時代遅れで使えない本、意味の無い本になってしまいます。最新技術はすぐに過去の技術になってしまうのです。ところがアナログシンセの音の作り方は、1960年代から今までほとんど変わりはありません。シンセの音作りがアナログシンセを基本にする限り、この本がずっと使用できるように、現行の機種にはこだわらないことにしました。

　このパネル図のシンセは昔でも、今でも、将来も使える2VCOの基本的なシンセの構造を可能な限り見やすく配置して作っています。実際には"構造""流れ"を分かりやすくするためにムダなものや、ちょっと足りない要素もありますが、基本構造を"読みとる"という点では分かりやすいはずです。現行機種を使えば、つまみの位置を合わせればその音が鳴りますが、それは"答えを教えてもらって解答しているようなもの"。この本では、皆さんに"シンセの構造""音作り"を頭で考えていただきたいので、あえて紙の上の架空のシンセを使います。そして皆さんには、ここから「あ、こういう風になっているから、こういう音が鳴るはずだ」「この音色のポイントはこのパラメーターだ」ということを読みとってもらい、「自分のシンセではこのパラメーターをこうすれば！」となればオッケーです。

　実際のシンセでは、つまみの値と音の関係はさまざまです。値をいくつにしたら何秒で音が減衰する、という正確な決まりはありません。機種差、個体差がある世界です。あとは皆さんの耳が勝負です。付録オーディオ・ファイルの音を参考に、つまみの値とその意味を読みとって、音作りを理解していってください。

　このシンセ、おそらくここまで読み進んでこられた読者の方には簡単な構造だと思いますが、LFOはVCO1、VCO2、VCF、VCAどれにでもか

INIT PROGRAM

けることができます。ENV1はVCO専用。ENV2はVCF専用。ENV3はVCA専用として用意され、これだけは常にフルでかかっています。

　さて、まず最初に紹介するこのセッティングは、一般的にINITIAL PROGRAMと呼ばれているものです（AUDIO FILE63：**イニシャル・プログラム**）。"初期設定"……つまりゼロから音を作るときに便利な状態です。気が付かない部分で何かパラメーターが変な値になっていたら、思った通りに音が鳴らないことがあります。トラブルを避けるためにも、ゼロから音を作るというときはまずこのセッティングにしてからスタートしましょう。

　特徴としては、オシレーター1だけを最も倍音の多いノコギリ波に。フィルターはカットオフ・フリケンシーを全開状態に。レゾナンスは上げません。エンベロープも関与させません。アンプのエンベロープはADSR=0.0.10.0という、オルガンのようにすぐに音が出て、鍵盤を離すとすぐに音が切れる形。鍵盤を押せばノコギリ波がブーッと鳴るだけのセッティングです。

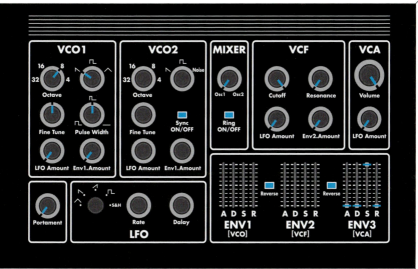

リードシンセ

●考え方

　リードシンセは、"モノフォニック（単音）"モードに設定してください。モノフォニックの楽器は意外と多く、トランペット、フルート、サックスなどの管楽器や声も、特殊な奏法を除いてはモノフォニックです。鍵盤楽器でモノフォニックの場合、1つの鍵盤以外の音は鳴りません。シングル・トリガーというモードのセッティングでは、次の鍵盤がすでに押さえられている状態で鍵盤を離すとエンベロープ・ジェネレーターの働きは最初の1回しか機能せず、1つの音として音程が移動します。音の動きがなめらかになります（**AUDIO FILE64：シングル・トリガーでレガート演奏した場合と、そうでない場合**）。これは、ROLAND TB-303のベース・シーケンスのフレーズによく多用されるテクニックです。なめらかな演奏に便利ですが、サステイン・レベルを低く設定していると連続した音のフレーズでは音が消えてしまうので注意が必要です（鍵盤を押さえる度に毎回エンベロープが動く、マルチトリガー・モードを持つシンセもあります）。

　ポルタメント（グライド）（P.23参照）を使用すると、スムーズな音の動きを作れます。和音でポルタメントを使用する場合、どの音からどの音へ推移すれば良いのかが分からなくなり予想もしない動きになります。しかし、モノモードなら出発音から到達音へ間違い無くなめらかに移動するので、気持ち良いフレーズを作ることができます。

　ということで、ポリフォニック・シンセでも「単音で弾けば良いんじゃないの?」ではなく、モノフォニックのモードで演奏することをおすすめします。

●設定

　ロック・バンドなどで、リードシンセはギターに負けない迫力が必要です。音色として考えればハデな音の方が良いでしょう。シンセではハデな音は意外にシンプルなセッティングで、ノコギリ波やパルス波でフィルターは全開に近い状態がおすすめです。オシレーターは料理で言うと素材のようなもの。リードは素材の良さが勝負です。アナログシンセの時代ではこ

Lead Synthesizer

れが価格差につながっていましたが、現在ではソフトでも素晴らしいオシレーターのシンセが多数存在します。

　レゾナンスは上げずに、フィルターは6〜8分目。フィルター・エンベロープ（ENV2）で、フィルターを全開まで変化させます。ただしあまりに閉じた状態から開いた状態に激しい変化させると、速いフレーズの動きに対応できません。動きは速め、変化は少なめの方が良いでしょう。ポルタメントを心地良い値に設定しておくことが大事です。アンプ・エンベロープ（ENV3）のリリースの値はINIT PROGRAMのようにR=0では、あまりにすぐに切れる音になりますから、少し残響的な意味も含めて残るようにしておいた方が良いでしょう。適度にピッチ・ベンドやビブラートを手動で入れながら、手弾きでもシーケンス・フレーズでも構いません、音色よりむしろフレーズで勝負するくらいの気持ちで考えましょう。

▶ ピアノ

● 考え方

　発売当時は「どんな音でも出せる」というふれこみで紹介されたアナログシンセですが、ちっとも"どんな音"でも出るモノではありませんでした（笑）。その後、PCM音源でどんどんリアルな再現は発展中ですが、今回はシンセで作った"リアルではないピアノの音"を考えてみましょう。

　YAMAHA DX7に代表されるFM音源のエレクトリック・ピアノの音色は1980年代のAOR、フュージョンなどを始め多くの曲で使用されています。生ピアノより少し冷たく都会的な印象を与えるサウンドは、独自の地位を築いたと言って良いでしょう。ではさらに古い時代はどうやっていたのか？　アナログシンセでも、ピアノの音に近いサウンドを作ることは可能です。実際、70年代後半のポリフォニックシンセには、アコースティック・ピアノの音を意識したプリセットが多数ありました。当時は「まあこんなものかなぁ」という感じでしたが、今聴いてみると全く別の意味で使える音色という気がします。生ピアノほどリアルで存在感があるわけではなく、少し後ろで地味に存在する感じで、FM音源のピアノのように冷たく固い印象の無い、温もりのある音色。それがアナログシンセで作ったピアノ・サウンドの魅力です。

● 設定

　まずオシレーター1でノコギリ波を選びます。オシレーター2は同じ波形でわずかにFine Tuneを変え、コーラス効果を出すのも良いでしょう。1オクターブ上の音を重ねるのも良いですが、あくまでも倍音の1つ、特徴付けと考えます。メインはオシレーター1で、オシレーター2はわずかに混ぜるだけです。この段階ではまだ、ただのシンセの音ですね。ここからが大切です。

　フィルターで高い成分を少しカットして、暗い音にしてください。レゾナンスは0、フィルターのエンベロープは使用しません。

　あとはアンプ（VCA）だけです。ここがピアノらしさの最も大事なところです。ピアノは鍵盤を押し続けるとゆっくりと減衰して、最後には音が消

Piano

えていきます。これをエンベロープ・ジェネレーターの値で表現すると、D=8〜10、S=0となります。アタックはすぐに出るのでA=0。鍵盤を離したときはすぐに音が消えますが、オルガンほどの唐突さはありません。ある程度残響を持った感じの方がなめらかで良いでしょう。R=2〜4程度でしょうか（**AUDIO FILE65：シンセで作った温もりのあるピアノ・サウンド**）。

　かなり簡単ですね。フィルターの変化無し。オシレーターではハデな音ですが、フィルターでかなり暗めの音色に調整して、それをゆったりと減衰する音として表現すれば良いのです。ところで、ピアノのイタリア語での正式名称は"ピアノ・フォルテ"。まさに楽譜の"弱い音／強い音"がその名称なのです。つまり、強弱を付けられる鍵盤楽器という点で画期的だったのがピアノです。なので、シンセで作ったピアノもぜひ強弱を付けたいところです。図のピアノではベロシティ対応にしていませんが、最新のシンセならほとんどはベロシティ対応です。ぜひ、VCAやVCFにベロシティを対応させて、鍵盤で強弱が付けられるようにしてみてください。

クラビネット／エレキギター

●考え方

ピアノはハンマーで弦を強くたたいて音を出すので、"打弦楽器"と呼びます。一方、ギターは弦楽器ですが、弦をピックや指ではじいて音を出します。たたく、はじくという差こそあれ、弦を振動させて音を出すという点で、ギターはピアノの音に近い特性を持っています。弦をはじいて音を出す楽器を"撥弦楽器"と呼びます。ハープシコードはピアノと似た形ですが、内部では弦をツメのようなものではじいて音を出しています。クラビコード、それを電気楽器にしたクラビネットなども似たような音を出しますが、倍音構成などがピアノと異なり、ピアノに比べて軽いサウンドにする必要がありそうです。音の減衰などは非常に似ているので、音作りの方法も似たもので再現できるでしょう。

●設定

まずはクラビネットから。使用する波形はパルス波。パルス幅は80〜90%あたりに調整します。これで、ちょっと軽く細いサウンドになります。クラビネットはエフェクターのワウを使用することが多いので、この雰囲気を盛り込みます。そこでフィルターをベロシティやLFOで変化させると"ワウ付きクラビネット"の雰囲気が出て、演奏をうまくやるとかなりノリの良いサウンドが再現できると思います。

アンプのエンベロープはA=0、D=8〜10、S=0でピアノと同じ感じです。しかし、歯切れの良いファンキーなフレーズを演奏することが多いので、Rはピアノに比べて少し短くR=1〜3くらいにしてみましょう（**AUDIO FILE66：ワウ付きのクラビネット**）。

次は、クラビネットの音を元にクリーン・ギターの音を作ってみます。コードやアルペジオ演奏がカッコいいクリーン・ギターにコーラスがかかったサウンドは、エフェクターでコーラスをかけても良いでしょう。でも、シンセだけでコーラス効果を出すなら2つのオシレーターを同じ音にして、わずかにFine Tuneを変えます。フィルターも適度に明るくなるように。アンプのエ

Clavinet & Electric Guitar

ンベロープは、ピアノのようにR=2〜5程度で少し残るリリースが良いでしょう(**AUDIO FILE67**:**クリーン・ギター**)。

　クラビネットは楽曲の中で小刻みに、音の間を縫ってバッキング・コードを演奏することが多いので、低域の太さはそれほど必要としません。むしろベース・ギターとの連携でフレーズを作ることもあって、細くても、ある音域でしっかりと音が出ていれば良い場合が多いでしょう。ハイパス・フィルターがある機種なら、ローを大胆にカットするのも1つの手段です。P.62のイコライザーの所でも説明したように、ミキサーのイコライザーでローをカットするだけでも効果があります。あと、もし手持ちのシンセに別の音色を重ねられるレイヤー、デュアル機能があるなら、弦をはじく、ひっかくノイズを重ねるとより一層生っぽい音になるのでは？　特にハープシコードは弦をひっかく音がかなり大きい音で鳴っている楽器なので、アタック部分に軽くカリッ、コツッといった音を作って重ねましょう。

▲クラビネット

シンセベース

●考え方

　リードシンセ同様、アナログ・モノシンセで最も利用価値の高い使い方がシンセベースですが、音を選ぶとき、ついつい高域の音が耳に入ってきて、その特徴で音色を選んでいませんか？「こもった音は良い音じゃない、ハデなベースはかっこいい」と思うのは、音色を単独でチェックするときによく陥る罠です。一般的に、音質を意識するとこもった音や暗い音は"悪い音"という印象を持ちがちです。しかし意図的なものを別にして、音楽はすべての周波数がバランス良く出ていてこそ、聴きやすいものになります。ベースの音作りで考えると、その音色を単体でチェックしている段階では、上に乗る楽器の音を考えずに音色を選んでしまっているのでは？ 明るくハデなベースは確かに"良い音"風ですが、実際にギターやキーボード、ドラムと混ぜたときにはどうなるか？ もしかしたら他の楽器の邪魔をしていないか？

　と言っても、低域だけあれば良いというわけではありません。低いだけでこもった音は、音の動きもボヤけてしまいます。上モノの邪魔にならず、低域の動きの輪郭としてはっきり聞こえる倍音を考え、音を作ってみましょう。ただし、この考え方はあくまで一般論です。例えばベース+ドラム+単音楽器といった変則バンドなら、ベースでコード演奏や、中高域まで担当した方が良い場合もあります。その音楽に一番良いのは何かを考える必要があります。

●設定

　ノコギリ波を使って、フィルター全開から徐々にカットオフ・フリケンシーを下げてみましょう。フィルターを開いて明るい音だと倍音ばかりが耳に入って、本来の太さ、低域の感じが分かりませんが、徐々に高域からカットしていくと本来の低域が分かってきます。あまり暗くし過ぎると、低域はしっかり出ていても、先ほど書いたように輪郭がはっきりしません。他の楽器の邪魔にならないような中域の成分が欲しいところです。

Synthesizer Bass

　それを加える方法としては、もう1つのオシレーターで1〜2オクターブ上の音を出すというアイディアもありますが、フィルターのレゾナンスを上げるのも良い方法です。上げすぎると「ビョ〜ン」という感じになり過ぎるので、あくまでもイコライジング、倍音調整の意味で行ってください。フィルター・エンベロープと組み合わせると、より気持ちの良いサウンドになります。フィルターのエンベロープは、わずかにカットオフが減衰する形に。アンプのエンベロープのリリースは、歯切れが良いor少しゆったりと減衰のどちらが良いのか曲によって判断します（AUDIO FILE68：シンセベース）。

　シンセベースでは"どれくらい音が太いか？"という問題があります。「さすがアナログシンセ」「やっぱりMOOGは太い」など、"アナログシンセそのものの魅力"としてもよく交わされる会話です。確かにセッティングが同一でも太いサウンドを出す機種があれば、努力しても太くならない機種もあります。低域の感じや音の太さは小さいスピーカーではなかなか体験できないこともあるので、ぜひ整った環境で名機の"太い音"を体験してください。

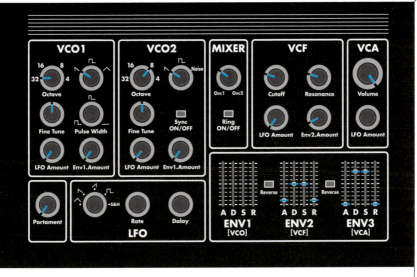

ストリングス

●考え方

　ストリングス・セクションという楽器は存在しません（笑）。バイオリン、ビオラ、チェロ、コントラバスなどの弦楽器が何人か集まって合奏した音のことを指します。でもプリセット音などにはその音色名が存在します。また、これとは別にバイオリンという音色も存在します。どこがどう違うのか？

　ボーカルでも、1人の声とコーラスでは大きな違いがあります。複数の人間が同じ楽器を演奏した場合、わずかなタイミングのズレと、わずかなチューニングのズレ、ニュアンス、表現のズレが生じます。これによって、広がりや厚みのあるサウンドが生まれるのです。

　名盤紹介のページ（P.132）で書いていますが、日本が誇るシンセのパイオニア、冨田勲の作品では、バイオリンの音を一声ずつシンセ（初期MOOG）に置き換え、実際にセクションと呼べるだけの数のシンセを重ねることで素晴らしいストリングス・セクションのサウンドを再現しています。プリセット音でストリングスの音が簡単に鳴る時代では、この偉業が一般には全く理解されないのは悲しいことですが、アナログシンセ好きの読者ならそのすごさを理解できるでしょう。

　しかし、実際にはそうやってセクションの音を作るには時間もかかりますし、ライブでの演奏は無理です。そんな中で、PCM音源のあまりにリアルなストリングス・セクションの音ではなく、シンセらしい音でのストリングス・セクションの音や、そういう観点で当時作られていたSolinaなどのストリングス・アンサンブル音源を再現する方法を考えてみましょう。

●設定

　まず、アンサンブルで思い付くのはLFOで音を揺らすこと。クリーン・ギターの項でも書きましたが、2つのオシレーターがFine Tuneで微妙にチューニングがずれていればコーラス感が出ます。図のシンセでは搭載されていませんが、パルスウィズ・モジュレーション（PWM）を使うと、ステキなアンサンブル効果が得られます。これはパルス幅をLFOで揺らして

Strings Section

やる効果で(P.29参照)、音程の揺れではなく、倍音成分がLFOで気持ち良く変化します。フィルターを開きすぎると、ストリングスというよりポリフォニックシンセ的なイメージが強くなります。

　また、高域で目立った方が良い場合もあれば、全体にパッド系でふんわりと包み込むサウンドにしたい場合もあるものです。目的に合わせて、暗めのサウンドか、明るめでローをカットして薄いサウンドにするか、設定は大きく変わってくると思います。

　アンプのエンベロープも重要なポイントです。速いフレーズを演奏する場合とゆったり白玉で演奏する場合では、音の立ち上がりを変える必要があります。速いフレーズに対応する音ではゆったりした音はアタックが不自然になり、ボリューム操作をしなくては再現できません。ゆったりした演奏に合う音を作れば、速いフレーズは演奏できません。曲のテンポや動きによって調整しながら使用しましょう(AUDIO FILE69：**ストリングス・アンサンブル**)。

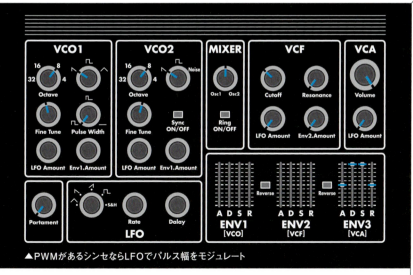

▲PWMがあるシンセならLFOでパルス幅をモジュレート

ブラス

●考え方

　ブラスとはトランペット、トロンボーン、チューバ、ホルンなどの金管楽器のことです。同じ金色の楽器ですが、サックスは構造から木管楽器になります。余談ですが、一般的にポピュラー音楽で管楽器のセクションがあるときはトランペット、トロンボーン、サックスのことが多いのですが、これらはブラス・セクションと呼ぶと間違いになります。サックスは木管ですから管楽器セクションということで、"ホーン・セクション"と呼ばれています。一般に"ブラス"と言うとどの楽器のことなのか、あいまいな表現になります。大人数だとブラス・セクションですし、ソロの楽器ならその楽器名を言うのが適切です。ここではそれほど厳密に考えずに、金管楽器の雰囲気がある音ということで音作りしてみることにしましょう。

●設定

　管楽器は、音の出だしに特徴があります。ブラスではアタック部分で強く、その後弱く演奏するスフォルツァンドっぽい、頭に「ブリッ」と歪みを入れた奏法がハデな音楽ではよく使用されます。これが、「いかにもブラスっぽい音」と言われるものですね。また、息の使い方で微妙に音程をコントロールできるので、意図的に低い音程からベンド・アップするような音の出し方もあれば、演奏中に音程を調整することもあります。

　セクションで数人が演奏する想定で、この最初の部分で音程差が発生する感じを再現してみましょう。ENV1で、わずかに基準値から音が変化するようにA=3、D=3、S=0という設定にします。これは、最初の一瞬だけアタック部分が立ち上がって減衰するという高速の変化です。VCO1とVCO2で同じノコギリ波を少しだけチューニングを変えて再生させ、ENV1をVCO2だけに少しかけます。やり過ぎは禁物です。これでアタック部分がわずかに2つの音程差でふくらんだ感じの音になります。VCO1は正確、VCO2は不正確な演奏をするブラスということですね。これは昔、TOTOが多用したブラス・サウンドとして有名になったので"TOTO

Brass Section

BRASS"と言われています。

　音程だけでなく、フィルターもアタック部分で「ブリッ」と明るい音にし、持続部分は柔らかい音にしたいので、フィルター・エンベロープはD=4〜6、S=4〜6くらいで変化を与えてやりましょう。フィルター・エンベロープのアマウントもかなり強めにして、アタック部分はかなり明るくするとブラスらしいサウンドになります（AUDIO FILE70:TOTO BRASS）。ブラスらしいニュアンスの表現としてもう1つ、クレッシェンドがあります。アタックでハデな音が鳴った後、小さくなってから、再び音が立ち上がって大きい音になっていく表現です。強く演奏すると、音量もそうですが倍音も多くなるので、フィルターの開閉も操作したいところ。例えばモジュレーション・ホイールにカットオフを割り当てたり、手動でカットオフのつまみを動かすのも良いでしょう。フット・ボリュームで音量を調整するのも良いですね。いろいろな表現で、アタック部分だけではない音の変化でニュアンスを付けましょう（AUDIO FILE71：さまざまな操作でフィルターやレベルに変化を付ける）。

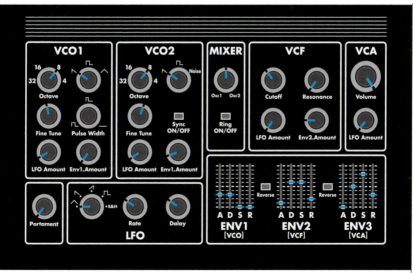

シーケンス・サウンド1

●考え方

　シーケンスとは？　辞書で調べると"連鎖、連続、一連のもの"といった意味になっています。音楽では一連のフレーズを反復するものを"シーケンス"と言いますが、8分音符や16分音符などで細かく動くものを特にそう呼ぶことが多いです。初期の自動演奏システムは、つまみで1音ずつ音程を設定してそれが8〜16個並び、次々と切り替えていく（走らせる）ことで1小節のフレーズを生成することができるアナログ・ステップ・シーケンサーというものでした。その名残りでMIDIレコーダーなどその後の自動演奏装置もシーケンサーと呼ぶことがあります。また最近のハードウェア製品にもフレーズを反復させるシーケンサーが装備されているものも多くあります。

　さらに、機種によっては、アルペジオを自動演奏させる"アルペジエイター"という機能を持ったものもあり、これを使えば、和音を押さえただけで自動的にさまざまなフレーズを生成してくれます。

　このシーケンサーやアルペジエーターを活用したシーケンスフレーズにマッチする音色を作ってみましょう。（実際に演奏するには、フレーズのデータ入力やアルペジエイターの使用が必要になります）。

●設定

　オシレーターの波形は特に決まりは無いので、好きな波形を選んでみましょう。VCO2は、例えばVCO1と4度（5半音）の関係にすると、テクノ、トランス系でよく使われるサウンドが得られます。

　フィルターとアンプを使って"歯切れの良い音"にします。楽器で言えば木琴のような印象です。フィルターのカットオフをかなり閉じ、フィルターのエンベロープ・アマウントを少し高めに設定します。これで、エンベロープのようにフィルターが変化します。アンプのエンベロープもフィルターのエンベロープも、木琴タイプの形にしてみましょう。A=0、D=2〜4、S=0、R=2〜4くらいでしょうか。アンプとフィルターのエンベロープのD、Rの値を同じにしておけば、フィルターが閉じる速さと音が消える速さが同じになります。

Sequence Sound Part1

　ここでアンプ・エンベロープのD、Rの値を2〜4から4〜6に変更してみてください。フィルター・エンベロープはそのまま。するとフィルターはすでに閉じているけれど音は少し長く出ている状態になり、エコーの残響成分のような感じで暗い音が残る効果があります（**AUDIO FILE72:シンプルなシーケンス・サウンド**）。これで木琴的なシンプルな短い音は再現できました。

　では、フィルターのレゾナンスを上げてみましょう。カットオフの値も調整しながらちょうど良い値を選べば、「チュンチュン」という効果のあるサウンドになります（**AUDIO FILE73:レゾナンスを上げる**）。また、LFOをゆったりとした動きにしてVCFのLFOアマウントを強めに入れれば、シーケンス・パターンを演奏しながらフィルターが開閉する、波のように押し寄せては引いていく効果が得られます（**AUDIO FILE74:大きな波を打つフィルター効果**）。これはテクノ系のシーケンス・フレーズでは定番的な手法です。フィルターが閉じたときに聞こえなくなったり、変化がしっかり現れるかどうか？さまざまなパラメーターの兼ね合い、バランスを考えて調整してください。

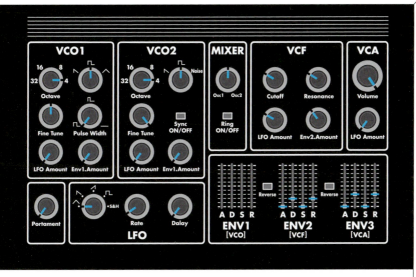

シーケンス・サウンド2~3

● **考え方**

　シーケンス・サウンドと言っても、シーケンスとは楽器名ではなく、演奏法、音楽の中での役割程度のあいまいな表現ですから、音色はいろいろ考えられます。決まりは何もありませんし、むしろ今までに無いパターンに挑戦するという点では、ありきたりなシーケンス・サウンドは面白くありません。ですから、いろいろと試してみていただきたいところです。

　ただ、動きが細かい8分音符または16分音符であることはほぼ確実ですので、その細かさ、速さに対応できるかどうかは重要です。ここでは、筆者が考えたシーケンスに合いそうなセッティングをいくつか紹介しましょう。

● **設定**

　モノフォニックシンセでは、アルペジエイターやMIDIシーケンサーによる単音の打ち込みで前項のようなシーケンスが効果的でした。しかし、和音が出るポリフォニックシンセなら、他のパターンも考えられます。アンプに矩形波のLFOでモジュレーションをかけて、ゲート処理をしているようなトレモロ効果を出す方法です。アルペジエイターが無い機種でも8分音符で音を出し、しかも和音でも対応します。音が鳴っていない場所でうまく鍵盤を押し変えれば、綺麗に8分音符のコードの刻みを作ることができます（**AUDIO FILE75**：**コード・シーケンス**）。

　もう1つは、シーケンス・パターンがハイハットの役割もしてしまおうというもの。16分音符で音を演奏させながら、音にノイズ成分を入れてやると16分音符でスネアやハイハットを刻んでいる雰囲気が付加されます。フィルターをLFOで動かしたり、エフェクターでフェイザーなどをかけると、汽車が走るような雰囲気を持ったフレーズにもなるでしょう（**AUDIO FILE76**：**ノイズ、フェイザーで汽車的シーケンス**）。

　これらはあくまでもアイディアの1つです。皆さんも、気持ちの良い音を独自に作ってみてください。手でチョロチョロと演奏しながら音作りしても

Sequence Sound Part2 & 3

ピンと来ませんので、16分音符のデータを演奏させながら音を作ると、速さに合うか、気持ち良いかなどの判断ができるのではないでしょうか?

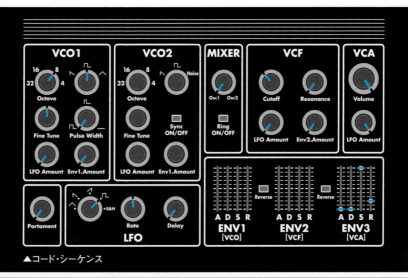
▲コード・シーケンス

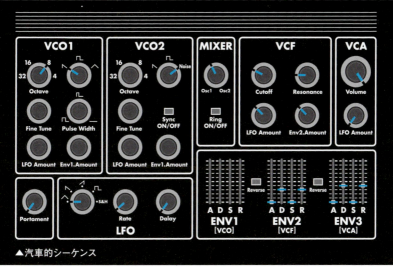
▲汽車的シーケンス

▶スウィープ・シンセ

●考え方

　シンセサイザーらしい「ビヨ〜〜ン」「ミヤ〜〜ン」といった音は、一般的に"スウィープ系サウンド"と呼ばれます。これを"最もシンセらしい音"とイメージする人が多いでしょう。現実にある楽器では、西部劇のサントラやコミカルなサウンドでよく使われるジュース・ハープ、インドの弦楽器シタールなどが近いイメージです。これらの楽器は、後からフィルターが開くように倍音がスロー・アタックで変化します。この雰囲気をシンセで再現すると、スウィープ系サウンドになります。最大の特徴は、レゾナンスを入れたフィルターの動きがゆっくりとはっきりと確認できるということです。

●設定

　フィルターのエンベロープがスロー・アタック、スロー・ディケイで変化する。あるいは逆エンベロープの形で、アタックでフィルターが閉じて、ディケイでフィルターが開いていく、というような方法が考えられます。

　カットオフの値を小さく閉じ気味にし、フィルター・エンベロープのアタック、ディケイともにA、D=6〜8程度に。サステインはS=0〜5程度で、しっかりディケイの動きが分かるように調整。リリースでも、フィルターが閉じていく感じが分かるようにR=4〜7くらいにしてみます。アンプの方のエンベロープはフィルターの立ち上がりを聴かせるために、フィルターよりは早めに音を出す必要があります。しかし、それでもソフトに立ち上がるように少し遅めのA=2〜3、はっきりとフィルターの変化を聴かせるためにS=10、ディケイはS=10なので何でも構いません。リリースでもフィルター変化を付けているので、それが分かるようにフィルター同様、あるいは少し多めにR=5〜8くらい（**AUDIO FILE77:フィルターが変化するスウィープ・サウンド**）。

　逆エンベロープは、エンベロープ・ジェネレーターを逆に変化させるものです。上下の感覚が逆になるので、エンベロープの動きに慣れていれば慣れているほど最初は感覚がつかめないでしょう。アタックによってフィルターが閉じ、閉じた状態からディケイでフィルターが徐々に開いていきます。

Sweep Synthesizer

サステインの値が低いほどフィルターは開くことになります。サステインの値を高くしておくと、フィルターは閉じたままになるので、ディケイを遅くすれば最後にフィルターが開きながら音が消えていく効果が得られます。逆エンベロープの注意点は、カットオフ・フリケンシーの値を上げておくこと。小さくしておくと、さらに音がカットされる方向に動いてしまいます。カットオフ・フリケンシーは8〜10程度にし、そこから逆エンベロープで閉じていく形になります（**AUDIO FILE78**：**逆エンベロープを使ったスウィープ・サウンド**）。

▲逆エンベロープの設定

パッド・サウンド

●考え方

　パッドとは何でしょう。辞書で調べると"詰め物""敷き物"などが出てきます。肩パッドも同じ意味ですね。つまり、音楽を作っていて"隙間"があるときに、それを埋めてくれるのがパッドです。

　実際、どうしても「完成した雰囲気にならない」「薄い感じがする」というときに、目立たないけれど、すごく地味だけれど、柔らかいサウンドを小さく混ぜると、一気に完成した雰囲気になることがあります。聞こえないくらいの小さな音、存在感の無い音なのかもしれませんが、制作過程で入れたり抜いたりすると、その効果がとてもよく分かります。全体を埋め尽くすサウンドなので、全音符程度の長いコード演奏を行う場合が多いようです。前項で解説したスウィープ系のサウンドとは、同じコード演奏をしても全く役割が逆です。ストリングスやボイス系のサウンドもパッド・サウンドとして利用できます。

　目立たないという点でフィルターを閉じて暗めの音が良いのですが、フィルターを閉じたからといって、ベースのように太い音になってしまってはベースや他のコードとぶつかってしまいます。あくまでも隙間を埋める程度の存在感という点では、単体で鳴らしたら「ちょっと地味だなあ!」と思っても、太くもなく、明るくもなくという雰囲気の方がうまくフィットすることが多いようです。もちろん他の楽器の成分次第では、少し明るめの方が良い場合もあります。何度も言いますが、音色は音楽によって変化します。絶対の音色は存在しません。そんな物があったらシンセでエディットする必要は無くなって、プリセット音だけでオッケーになってしまいます（笑）。

●設定

　暗い音を前提としているのなら、波形は三角波でも良いでしょう。次にフィルターです。マルチタイプのものなら、オシレーター波形がすでに暗いものなので、ハイパス・フィルターに切り替えれば、高域はそのままでフィルターは低域をカットすることに利用できます。図ではローパス・フィルターし

Pad Sound

か使用できないので、適度にカットオフを低くして暗い音にしています。元の波形は、三角波でなくてもフィルターで十分ハイをカットすれば問題はありません。パッドの大事な点は"隙間を埋める音"。縁の下の力持ちです。目立たないけれど音楽をしっかりと形にする役割があります。他の楽器と倍音で競合しないように、グッとこらえて倍音の少ない音にしましょう。

フィルター・エンベロープは使用せず、本当に地味で暗い音が"ほわ〜ん"と鳴っている状態です。アンプのエンベロープは白玉に効果的なようにゆっくりとしたアタック、ゆったりと減衰するようにA=6〜8、R=6〜8程度にしてみました。次の和音を弾いたときに、前のコード感とぶつかって濁った音になるといけないので、減衰の速さは曲に合わせて実際に演奏しながら調整してください（**AUDIO FILE79**：**暗めのパッド・サウンド**）。エフェクターでコーラスをかけると、より"ふんわり"とした感じに仕上がると思います。

▲エフェクターでコーラスをかけるとなお良し！

A BASIC GUIDE TO SYNTHESIZER

ベル

●考え方

　アナログシンセのリング・モジュレーターを使ってベルの音を作ってみましょう。今となっては少しリアルさに欠けますが、独特の味わいのある"SF風チューブラー・ベル"のようなものを考えてみます。オシレーターの機能の1つリング・モジュレーターは、日本語では"平衡変調機"。この回路では、2つの周波数の音が入力された場合、その和と差の周波数の音が出力されます。2つのオシレーターの値をさまざまに取れば、予測の付きにくいサウンドになるのです。

●設定

　試しに、まず2つのオシレーターで、同じ音程でリング・モジュレーターをかけてみましょう。2つのオシレーターの和と差が出るということは、和は2倍の値、差は0になります。つまり、1オクターブ上の音だけが出ます。ここで、片方のオシレーターのフリケンシーを大きく変化させてみましょう。図のシンセではオクターブ変化はスイッチ式ですから、Fine Tuneで変化させます。グイッと回すと音が激しく変化するはずです（**AUDIO FILE80：リング・モジュレーターで激しく音が変化**）。

　オシレーターのチューニングを上下させると、和の音と差の音が一方は下降、一方は上昇するように複雑に変化します。こうやってつまみを動かして変わった音を出しているだけでも十分に楽しめますね。脅かしものの効果音としては、これでオッケーです。では次に、楽器音として使用できる金属系のサウンドに調整してみましょう。

　鍵盤で演奏しながら、一方のオシレーターのチューニングを動かしてみます。つまみがわずかに変化しただけでも随分雰囲気が違う音になります（**AUDIO FILE81：微調整で気持ちの良い値を探す**）。

　また、音程と鍵盤の調がずれた感じになっていたとしても、これを調整するのは大変です。2つのオシレーターの差をそのままに、全体で調整が可能なマスター・チューンや、調を簡単に変更できるトランスポーズの機能

Bell

がある機種では簡単ですが、そうではない場合は調の違う楽器として扱うしかない場合もあります。VCFのカットオフは少し閉じておくと、おとなしいチューブラー・ベルの音に、開くときらびやかなベル系の音になります。フィルターのエンベロープはかけない方が良いでしょう。アンプのエンベロープはベルのシミュレートということなら、ある程度長く残るようにA=0、D=8、S=0、R=8程度にしてみてはどうでしょう? (**AUDIO FILE82**：**ベル系サウンド**)

リング・モジュレーターが搭載されていない機種でも、クロスモジュレーション、FMなどを使えば金属系のサウンドを得ることができます。またLFOやエンベロープでこれらの値を変化させるのは"音程感を確保して演奏する"点からは禁物ですが、効果音として使用するときは強烈な効果が得られますので、ぜひいろいろ試してみましょう。

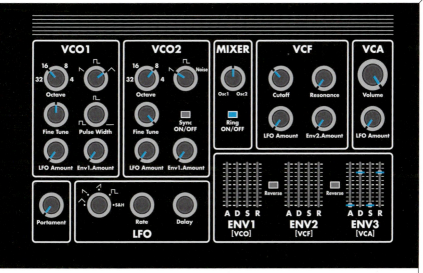

ドラム・サウンド1: キック&タム

●考え方

　現在の"打ち込み"のドラム・サウンドはサンプラー、PCM音源、あるいはドラム・ループを波形でスライスして使ったりと、よりリアルでグルーブ感のあるものを作るさまざまな方法が考えられています。しかし昔はパターンのプログラミングができないリズム・ボックスを使ったり、あるいはシンセでキック（バス・ドラム）やスネア・ドラム、ハイハットなどの音を作って、それを1つ1つ録音することでリズムを構築するといった方法くらいしかありませんでした。現在でも、シンセで作られたパーカッションや電子音はメインのリズムというよりアクセントや特徴付けとして使われることがあります。

　シンセドラムは、パッド付きのドラマー用の楽器として多数開発されていました。シンセドラム独特のパラメーターもいくつかありますが、発音の構造はシンセと全く同じなので、一般的なシンセでもシンセドラムのサウンドは再現できます。響き線の無い太鼓の革をたたくものは、ノイズではなく、音程を出すオシレーターの方が適切です。

●設定

　まずは、キックから音を作ってみましょう。テクノ系の曲では、ホンモノのバス・ドラムよりも、ROLAND TR-909に代表されるような図太いシンセのキック・サウンドのほうが合いそうです。「ズゥ～ン」「ドチュン」というイメージで、短く引き締まった感じが大切です。

　オシレーターの波形を三角波にして、音の高さはかなり低くしておいてください。フィルターも閉じ気味にします。フィルター・エンベロープで、アタック部分だけすこし明るくして閉じるのもオッケーでしょう。アンプ・エンベロープは、短く消える打楽器なのでA=0、D=2～3、S=0、R=2～3程度でしょうか？　心地良い切れ具合を探してみましょう。これだけでは、オシレーターの音がブーンと鳴っているだけの感じです。シンセドラムのキックの特徴、そして一番大切な"歯切れの良い引き締まった感じ"を出すのがVCOへのエンベロープ設定（ピッチ・エンベロープ）です。音が出ている中で、ちゃん

Drum Sound Part1/Kick & Tom

と音の変化が分かるように……アンプ・エンベロープより短い速さでピッチ・エンベロープを、高い音程から低い音程へ「チュン」といった感じで下降するように。ピッチ・エンベロープはA=0、D=1〜2、S=0、R=1〜2くらいにしましょう。歯切れの良い、太いサウンドになるようにスタートする高さ、下降する幅、下降する速さなどを調整してください（**AUDIO FILE83：キック**）。

次にシンセタムです。基本は同じサウンドです。実際のドラムでもタムはキックより音程が高く、響く時間が長くなっているので、シンセタムでもそれをやれば良いだけです。つまりピッチ、アンプのエンベロープのD、Rの値をもう少し長くして、さらにオシレーターの音程を上げてやりましょう。音程がゆっくり下降していく音は、エンベロープの値の調整でいろいろなタイプのものができると思います（**AUDIO FILE84：シンセタム**）。メインの要素ではなく、付加する形でノイズをちょっとミックスしてみると、より"打音"が特徴的で良いものになる場合もあります。打楽器的な要素を加える試みをしてみましょう。

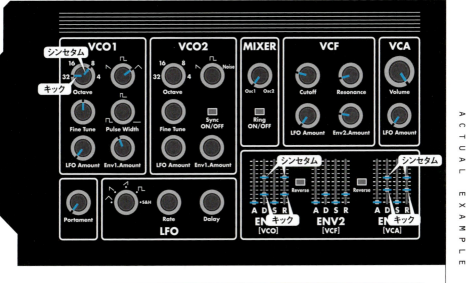

ドラム・サウンド2：スネア&ハイハット

●考え方

　キックやタムの打面は革（プラスティック・フィルムなので、構造から考えてノイズではなくオシレーターを使用しました。その考えでいくと、スネア・ドラムには2つの要素が含まれています。打面の革をたたく音と、裏面に張られた響き線が「ビリビリ」と振動する音です。この2つの組み合わせによって、スネアの音は構成されています。ただしスネアは、ノイズの方が音量的にもメインになります。ノイズに加えて革の音を少し混ぜて、ちょうど良いサウンドを探すということになるでしょう。

●設定

　ノイズの方は、シンプルにオシレーターでノイズを選択して、フィルターを開いて短いエンベロープで鳴らします。そして、これにタムで使ったようなオシレーターによる革の音を加えてやります。1つのセッティングでノイズも革も作るとなると、エンベロープやフィルターが共通になってしまうので、今回はノイズの音色を優先してフィルターなどの設定をやってみます。

　音の残り方は、タムに比べてすぐに切れるので、エンベロープも短めに。音を明るくして短くしただけでも、タムとは随分違う雰囲気ですね。タムのときは「ポン」というイメージなので、少し丸みのある暗めの音色が合いますが、スネアは革の音より響き線の音。革の音自体にも響き線の雰囲気が付加されている方が、よりスネアらしいサウンドになるようです。オシレーターはノコギリ波にするとより倍音の多い、はっきりしたサウンドに。音量はノイズ優先で、それに隠れて「ノイズだけじゃないよ。ちゃんと革の音も鳴ってるよ」という感じで革の音を加えます（**AUDIO FILE85：シンセスネア**）。

　ハイハットやシンバル類は金属の音なので、スネア・ドラムの革の部分の音を外して、ノイズの音だけで作れば良いことになります。クローズド・ハイハットは、スネア以上に短く歯切れの良いエンベロープ値に設定してやりましょう。オープン・ハイハットではエンベロープの値が変わるので難しいと思われがちですが、実はそんなに大変ではありません。アンプ・エンベロープ

Drum Sound Part2/Snare & HiHat

のディケイをオープン・ハイハットに、リリースをクローズド・ハイハットに利用する方法で、鍵盤操作によってオープンとクローズドを使い分けます。つまりMIDIデータの方でクローズドは極めて短いゲート・タイムに、オープンは長いゲート・タイムにすれば、1つのセッティングで両方再現できます（**AUDIO FILE86：オープン／クローズドの両方を実現するハイハット**）。

　もちろんノイズだけでは、実物のハイハットやシンバルの音を再現しようにも限界があります。実際、アナログ回路で制作された昔のリズム・ボックスのハイハットやシンバルの音は、PCM音源やサンプリングのリアルさに比べるとひどいものです。しかしそれでも今なお、独特の温かみのあるサウンドとして使われ続けています。リアルではないことを全面に出し、特徴的な部分を強調して使ってみるのも良いでしょう。その場合はレゾナンスを上げたり、フィルターを調整したり、フランジャー、フェイザーをかけるのも良いアイディアです（**AUDIO FILE87：特徴を強く持ったシンセハイハット各種**）。

▲ハイハットのセッティング

未確認飛行物体

●考え方

　おそらく最初にシンセサイザーを手にして、時間を忘れて楽しんだのは「ピコピコ」「チュルチュル」「ピピピピピ」といった効果音が出たときではないでしょうか？　筆者も時間を忘れて、1日中つまみをさわって変な音を探していた記憶があります。最も分かりやすくて、操作しやすい効果音としてUFOの音が挙げられます。UFOは未確認の飛行物体ですから音は分かりません。ここでは古いSF映画やアニメで使用されていそうな、"回転しながら浮遊する円盤"の音をイメージしてみましょう（**AUDIO FILE88：UFO**）。

　このイメージの音を分析すると、2つの違った要素から成り立っているのが分かります。まずは、円盤が上昇、下降、接近といった飛行をしている雰囲気です。それに加えて円盤が回転、つまり自転している様子も再現しています。これがもし回転しないで飛行だけだとしたら、似たようなセッティングで"幽霊""火の玉"の音色として利用することもできるでしょう（**AUDIO FILE89:幽霊、火の玉**）。浮遊の雰囲気は、UFOも幽霊も同じなのです。

●設定

　では、浮遊の感じから作りましょう。常に上昇して下降するというパターンが決まっている場合は、エンベロープ・ジェネレーターをVCOにかけることで音程が上昇し下降する、あるいは逆エンベロープで下降してから上昇するといった設定が簡単にできますね。ENV1をA=5～8、D=5～8、S=0～3程度にセッティングして、飛行感を出してみましょう。でも、常に指定された通りに上昇下降するだけでは面白くありません。自由自在に操るためには、ピッチ・ベンドなどで音程を自由にコントロールしながら、決して同じ動きをすることの無い縦横無尽な動きを再現します。"演奏"感覚でピッチ・ベンドを操作しましょう（**AUDIO FILE90：ピッチ・ベンドで縦横無尽に飛ぶUFO**）。

　"回転"は、円盤が自転している感じを出すものです。これは、LFOでオシレーターの音程に波を付けてやれば良いのです。波形は三角波が良い

UFO

でしょう。回転速度が遅いと失速してしまいそうですから、元気にかなり速い回転速度にします。ただし回転が速く、あまり深くかけ過ぎると回転というイメージが無くなってしまいます。深くかけ過ぎないように注意してください。

最後に、自由に近づいたり遠のいたり、上昇下降、左右へと飛び回りましょう。左右はミキサーのパンポットで、遠近はエフェクター（リバーブ）の深さで、上下はピッチ・ベンドで高さをコントロールして表現したいところです。ディレイをかけると、よりリアルに宇宙っぽいサウンドになります。

LFOでVCOをモジュレートして回転の様子を出すサウンドですが、このLFO波形を矩形波に変更してみましょう。すると、2つの音程を行き来する変化になります。音程をうまく調整すれば「ピーポーピーポー」という救急車の音になります（**AUDIO FILE91：救急車**）。他にもSAW UP/DOWNの波形を使って短い音にすれば、ゲームの効果音、レーザー光線（**AUDIO FILE92：ゲームの効果音、レーザー光線**）のようなイメージのサウンドも作れますね。いろいろと試してみてください。

▲VCOエンベロープを使った上昇下降

A BASIC GUIDE TO SYNTHESIZER

Column 05
飛び道具的なシンセ ── ②

　P.24に続き、小型の音源をいくつか紹介しておきましょう。KORGのガジェット系シンセは、小型で安価で、ちょっと使うのに大変便利です。

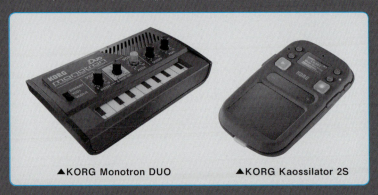

▲KORG Monotron DUO　　▲KORG Kaossilator 2S

　他にも電子工作、組み立てキットのシンセサイザーがあったり、クラウドファンディングで個人レベルで作った小さな音源システムを販売しているものがあったりと、現在では楽器メーカーが発売するシンセだけではない広がりを見せています。ぜひインターネットなどでマメに検索して、おもしろい製品を入手してみてください。

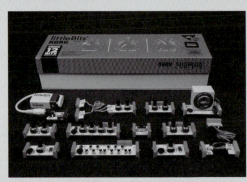

▲KORG LittleBits SynthKit

▲学研ステイフル SX-150 MarkⅡ

シンセにまつわる Q&A

SYNTHESIZER Q&A

ここまでシンセサイザーの構造、音作りの方法などを順に説明してきました。これでアナログシンセの操作はバッチリ！ といきたいところですが、実践的に使ってみるといろいろと疑問点や問題点、判断に悩むことが出てきます。最初はシンセを購入する悩み。説明書には書いていないような、ちょっとした知識で考え方が広がること。さまざまな局面で起こるトラブル。この章では、シンセをとりまくそんな疑問をQ&A形式で解決していきましょう。

part 05

Q1 シンセを使えば、演奏できなくてもミュージシャンになれる?

A1 楽器の特徴はしっかり習得しておく必要があります

　シンセサイザー、コンピューター、MIDI、打ち込み。これらは"演奏ができなくても音楽ができる"という点では、とても大きな力になってくれるキーワードであることはもう皆さんご存じでしょう。しかし、簡単になったということは底上げされ平均点が上がったということ。つまり定員が決まっているけれど差がつきにくくなったとも言えます。

　そもそも、そんなことで優劣を決めるものではありませんが、だれでも作れる分、それ以上に人と違ったところをどこで出すか? どこで優れた才能を発揮するか?ということになりますね。質問の文章を少し変えてみて「演奏できなくても音楽は作れますか?」という問いならば、「はい」という答えになるでしょう。しかし「演奏ができなくてもミュージシャンになれるか?」。この回答は、ある意味正解ですが、"頭角を現す"ためには"演奏技術"よりもっと大事な、センスが光ってなくてはならないわけです。そういう点で、より難しくなったと言えるのかもしれません。作曲のセンスについては、個人の才能の部分でもありますし、この本の内容とは別の問題なので述べませんが、ここではシンセのデータ制作という点で"演奏できないけれど"ということを考えてみましょう。

　よくアマチュアの方のデータを聴かせていただくのですが、非常によろしくないMIDIデータを耳にすることがあります。そして、その多くの方が「楽器を演奏できない」と言うのです。全く演奏できなくても構いませんが、音楽の心は分かっていなければ決して音楽は作れません。ここを勘違いされている方が実に多い気がします。"表現力"です。楽譜通り音符をただ並べただけでは、表現にはなりません。楽譜以上の大量の情報は、知識の蓄積やその楽器への理解があって初めて実現できるのです。

演奏できなくてもいいけれど、演奏できる人と同じくらい楽器を理解していることが必要です。例えばドラム・セットで通常どういう手の動きをするか、ベース・ギターでどういう場所でスライドの音を入れるとカッコいいか、どういう動きで音になっているのか？　管楽器の気持ちいい演奏とは？　音域は？　ギターは弦の構成によってどういう和声になるか？　音楽理論というほどのレベルでなくても構いません。例えばエア・ギターのように、楽器を演奏する気持ちが分かるだけでも十分です。実際私は小学生のころからずっとエア・ドラム、エア・ギター、エア・ベース、エア・ホーン、エア・シンセをやりながら音楽を聴いて、"気持ちいいフレーズ"とか"演奏の感動のツボ"について身に付けることができました。気持ちは技術を超えるのです！

　生楽器のシミュレートをMIDIでやることが果たして音楽制作において良い選択かどうか、生楽器の方が良いのではという議論はありますが、少なくともデモ制作などでは、打ち込みで音楽ができるのは素晴らしいことです。そこで、その楽器の効果を最大限引き出すためには、やはり楽器の特徴はしっかり習得しておいてください。過去の優れた音楽からしっかりと学ぶことも重要です。"演奏できなくてもいい"ということは、"知識が無くてもいい"ということとは別の話です。「あまり音楽の勉強をし過ぎると、ありきたりの音楽になってしまう」という意見もありますが、知識がそれなりにあれば、人に自分の感情を伝える表現方法の幅は広がるのです。

　こういった生楽器のシミュレートはシンセよりサンプル音源を使った方が良い場合が多いですが、サンプル音源でもフィルター、エンベロープなど、音色を変える作業はアナログシンセと同じ方法を採用していることが多いので、やはりシンセの音作りの知識は有効です。

Q2 音楽で食べていきたいのですが、どういう職業がありますか?

A2 いろいろな仕事があり、就き方もさまざまです

　自分の音楽が大ヒットしてアーティスト活動ができれば、そんな幸せなことは無いかもしれません。しかし、それに限らなくても、音楽にかかわる職業はたくさんあります。もちろん、音楽で食べることが音楽活動で一番大事なことでもないと思います。このあたりの議論は人生論、芸術論になるので触れずにおくとして、シンセを使う仕事、職業にはどういうものがあるか?ということを具体的に書いていこうと思います。

　まずバンドや個人名で曲を発表して、それが認められ、CDの売り上げ、ライブ活動で生計を立てる、一般的に最も分かりやすい形のアーティスト。それより少し裏方的な印象のある作曲家、編曲家は、依頼を受けて作／編曲を行う仕事です。歌手、アーティストのために曲を作ったり編曲することもありますし、それが発展して音楽プロデューサーという職業もあります。

　また、映像に音楽を付ける仕事は、映画のサウンドトラックをはじめ、TV番組、ビデオ／DVD作品、CMなど、多岐にわたります。さらに、それら以外にも、博覧会や博物館、ショールームで流れる映像、教育用、就職活動用、企画の宣伝のためのビデオ、WEBサイトのフラッシュムービーなどのように、限られた人に向けた映像に対して音を付ける仕事もあります。筆者がやった仕事で一番"世の中に出なかった"作品は、某企業のある部署が新規事業を計画して社長にゴー・サインを出してもらうためだけの映像。つまり、社内会議でその会社の社長に見せるためだけの映像音楽でした。

　一方、キーボードプレイヤーとして仕事をするには鍵盤楽器全般に対するかなりの演奏技術が必要です。レコーディングに呼ばれて演奏する、ライブのバックバンドのメンバーとして演奏する。あるいはライブ・ハウスやホール以外でも、演奏する仕事は幅広くあります。結婚式場でのピアノ、電子

オルガン奏者などです。

　シンセサイザー・オペレーター、マニピュレーターは、アレンジャーや作曲者の指示に従ってデータを制作、エディットするのが主な仕事。ただ、最近はだれでも簡単に操作できたり、ソフトも低価格になって多くのアレンジャーが自身でシーケンス・ソフトを操作する時代になったことから、この職業は形を変えつつあるようです。例えばエンジニアのように、AVID Pro Toolsのオペレーター的な仕事になっている場合も多いようです。

　"音"そのものに興味が強くなると、効果音などの音響全体を作ることにも探求心は広がります。映画やTV、ゲームなどの効果音を作る音響効果の仕事は、会社組織になっていることが多いようです。会社組織で音楽制作を行うものとしてはさらに、着メロや通信カラオケのデータを制作する会社や、著作権フリーのライブラリー音楽を制作する会社があります。着メロ、通信カラオケでは、フリーのミュージシャンに曲単位でデータ制作を下請けに出して、それらを統括する仕事もあります。この20年くらい人気の高い音楽の職業は、ゲーム会社の社員でしょう。ゲームの曲や効果音を制作したり、セリフを収録したり、ゲーム・タイトルの音まわりすべてを作ります。ヒット・ゲームを担当したり、個性がユーザーに認められればCDを発売したり、ライブを行ったり、アーティストと全く同じような活動になることも。

　楽器メーカーでシンセを開発する仕事は、音楽制作以上にシンセへの思い入れの強いエンジニアが情熱をもって取り組んでいます。専門的な開発の仕事ですので、大学卒業後に就職する形が多いようです。楽器のデモンストレーターは、メーカーから依頼されてデモ演奏をしたり、デモ・トラックを作ったりと、製品に精通した形で解説や演奏を行います。楽器や音楽の専門学校の講師としてレッスンを行うなど、教育にかかわる仕事も多数あります。

　他にも、いろんな仕事があるでしょう。それぞれの仕事にそれぞれの楽しさもあればつらいこともあり、仕事を得る方法、就職方法もさまざまです。

Q3 ビンテージ中古が良い？ 最新機種が良い？

A3 音色か？ 機能か？ こだわる部分で選択

　「やっぱりビンテージのホンモノの方が音が良い」と言われますが、90年代あたりから、アナログ・モデリングの技術でデジタルでアナログシンセをシミュレートした製品も多数発売されています。

　確かに初期のアナログ・モデリングによるシミュレートはCPUの性能も高くない時代で、音もデジタルくさかったり、弱い、細いものが多く、アナログ特有のノイズが気になるものもありました。音色だけで言えばホンモノのアナログの方が太くて心地良く、人気の高いサウンドです。

　また最近では、完全アナログの復刻版を発売する機種も出てきています。選択肢はビンテージの中古、復刻版、アナログシミュレートのデジタルシンセの3つになると思います。

　ビンテージの欠点は、当然中古がほとんどですから、故障も多い、つまみのガリ（雑音）、デカい、重い、熱でチューニングが変動する、モノフォニックや少ないポリフォニック数、MIDIが付いていない、音色も記憶できない、故障したら部品がなくて直せないなど、かなりあります。それでもホンモノの当時のシンセを中古で使うだけの魅力があればそれが良いでしょう。

　復刻版は本体そのものの機能は同じままで、かつ新品ですし、ビンテージのものよりは安定度は高いでしょう。MIDI機能も追加されています。ただすでに製造されていない部品があるためにカンペキな復刻になっていないケースもあり、その部分に不満があるかどうかがポイントです。

　デジタルによるシミュレートは形こそ違いますが、素晴らしいプリセットの数々、十分なポリフォニック数、軽い、安定している、もはや"音色"以外でビンテージより劣っている部分はありません。しかも、その音色も現在ではシミュレート技術がかなり高くなり、差はほとんど感じられなくなってきています。結論は出ませんが、どれを選択するかはあなた次第です！

Q4 では、ソフトとハードのどっちが良いの?

A4 それぞれ長所と短所があります

　デジタルシンセは、ハードウェアですが、デジタル情報で音作りをして最後に出来上がったデータを実際の音に変換して音を出します。つまり中には1台のコンピューターが入っているようなもの。それを何台も所有するなら、1台のコンピューターを使ってソフトウェア部分を変えれば良いのでは? さまざまな音源を鳴らせるのでは?

　ソフトウェア音源はそういった発想から、コンピューターを楽器、音源として使用するようにしたものと考えれば良いでしょう。

　ソフトウェア音源の長所としては、価格が安い、1台で何台分もの音が出せる、音色の管理がしやすい、ダウンロードで不具合の修正や新しい機能が手に入る、音楽制作ソフトと連携しやすい、などがあります。

　一方短所としては、つまみで音を動かす操作をマウスでやるのが面倒、起動に多少時間がかかる、パソコンがダメになると全く使えない、将来バージョンアップやOSが変わって使えなくなる可能性がある、ライブなどでトラブルの危険性が高いなどといった点が挙げられるでしょう。

　一方ハードウェアは反応が良く、直感的につまみで音を変えられる、電源を入れてすぐに安定して使える、実体があるので故障しなければ将来もずっと使えるなどの長所がありますが、大きい、重い、高いという部分は短所と言えます。

　結局、こちらも、どちらが良いかという結論はなく、ライブで安心して演奏したい場合はハードウェア。自宅でじっくり制作したり、ライブでも打ち込みモノが多いときはソフトウェア、と目的に合わせて使うのが良いでしょう。

　ちなみに筆者は、お気に入りのKORG MS-20だけは当時のものを4台所有し、他のビンテージシンセはすべて売却しました。あとはユーロラックで組んだモジュラーシンセ以外、ソフトウェア音源を使用しています。

Q5 アナログシンセ以外の音源方式について教えて!

A5 加算合成、FM、PCM、モデリングなどがあります

　この本のはじめの部分で「この本を読めばほとんどのシンセの使い方がわかる」と書きましたが、ここで紹介する音源方式のシンセについては例外となり、音作りのノウハウはまったく異なります。

　「加算合成」（Additive Synthesis)は大量の正弦（サイン）波を足し算で合成していく方式です。ソフトウェア音源に優れた製品が多く、AIR Music TechnologyのLoom IIは、複雑な倍音の時間変化が魅力のサウンドです。

　1983年にYAMAHAから発売されたDX7は「FM音源」という方式で、正弦波で正弦波を周波数変調（FM変調)することから「乗算合成」とも言えるものです。減算合成のアナログシンセにもFM変調機能を装備している機種もありますが、FM音源ではさらにそれが何段にも重なっています。つまり、FM変調で形成された波形をさらにFM変調する→それによって形成された波形をさらにFM変調する……というように、6つの正弦波をさまざまな組み合わせ（アルゴリズム）で用いることで複雑なサウンドを作り出します。強いアタックと美しい高域で、ベル、エレピなどの音色が得意です。ソフトウェア音源ではNative InstrumentsのFM8がFM音源を採用しており、こちらは正弦波以外の波形も使用できる上に、フィルターも装備し、簡単にエディットできる画面も用意された優れた製品です。

　「PCM音源」方式はサンプリングと同じ原理ですが、より少ない容量で楽器のアタック部分と持続部分の短いループを音源として持ち、リアルな楽器音を再現します。サンプラーで音色ライブラリを使うのと同じようなもので、実際の楽器の音をメモリーに記憶してそれを再生します。1988年に発売されたKORGのM1がその代表で、その後ROLANDのSound Canvasシリーズなどの製品が当時のDTM（デスクトップミュージック）というジャンル

を大きく進歩させました。ただこれはオシレーターが"楽器の音の波形"なだけで、その後の処理はアナログシンセと同じシステムを採用している製品が多いので、音源方式を意識せず、アナログシンセと同様の感覚で使用することができます。今でも生楽器系の音はアナログシンセよりもPCM音源、サンプル音源が主流になっています。

　「モデリング音源」は楽器が物理的に音を出す現象や、アナログシンセの回路の電気的な特性をデジタルでシミュレートした方式です。音が実際に鳴る原理をシミュレートしたものを"物理モデリング"と言い、音の変化、クセ、奏法のリアルな再現が可能です。機種によってさまざまなパラメーターがあり、音作りの難易度はかなり高いですが、優秀なプリセット音が用意されていればそれを使うだけで十分素晴らしいサウンドが得らます。

◀加算合成ソフト
AIR MUSIC TECHNOLOGY
Loom Ⅱ

▼FM方式と言えばYAMAHA DX7

▼DX7にはこのようなアルゴリズムが合計32種類用意されていた

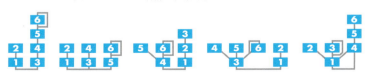

A BASIC GUIDE TO SYNTHESIZER

Q6 究極のアナログシンセってどんなものですか?

A6 使用数に制限の無いモジュラーシンセかな?

　難しい質問ですね。シンセマニアにとって一番の憧れはMOOGなどの初期の巨大なモジュラーシンセでしょうが、シンセは日々進化し続け、これからも新しい音源方式が開発されていきますので、そちらにも目を向けたいところです。ただ本書は"アナログシンセ"を扱った本ですから、その点で考えるとオシレーター、フィルター、エンベロープ、LFOがそれぞれ何百個みたいなとてつもない超豪華贅沢シンセを"究極"と呼ぶのはどうでしょう? ただ、これはとてつもなく高価になり、しかもそれだけの数のオシレーター、フィルター、エンベロープ、LFOをそろえていても、すべての音色がそれら全部を必要とするとは限りません。使わないときはただのムダになってしまいます。

　その点、ソフトウェアによるモジュラーシンセなら必要な分だけ立ち上げることができるので、その問題も解消されますね。各モジュールの数に制限が無いという意味では、究極の(バーチャルですが)モジュラーシンセと言えるでしょう。本当の意味でアナログシンセではありませんが……。

▲SOFTUBE Modularで10VCO、10VCF、5VCAのシンセを作ってみた!

Q7 ボコーダーはシンセですか?

A7 いいえ、音声変換技術です

　ボコーダーは、1930年代に研究・開発された音声変換技術です。人間の声を周波数帯域別に分解して解析して、それをオシレーターなどの音源に当てはめて鳴らすことによって、まるで人間がしゃべっているようなサウンドを作り出せます。もともとは変換技術というよりも、通信用音声圧縮技術として考えられており、軍事用としても用いられました。人間の肉声の情報は失われますが、少量のデータで管理できて圧縮率が高く伝達効率が良く、音声としてもしゃべっている内容が十分認識できるという機能上の特性が、逆にロボット・ボイスのような雰囲気をもたらし、それが面白いということで、テクノ系のサウンドとして脚光を浴びました。

　ボコーダーという呼び名がロボットの"ボ"と重なって、そういう意味だと思われがちですが、実際にはVoice Coderの略が名称になっています。現在でもボコーダーを搭載したシンセがありますし、ソフトウェア版もいくつか発売されています（**AUDIO FILE93**：**ボコーダー・サウンド**）。

　またソフトウェアではピッチ補正用のANTARES Auto-Tuneを使ったケロケロボイスは有名ですが、他にもIZOTOPEのVocal Synthなど、さまざまな声の変調用エフェクトがあります。ピッチ変換のエフェクターでピッチやフォルマントという値を変化させても面白い声が得られます。

▲EMS Vocoder System2000

Q8 エンベロープ・ジェネレーターにADSR以上のパラメーターがあると便利?

A8 いやー意外と混乱しちゃうかもしれませんよ

　アナログシンセの時代は、回路を増やせば価格に反映しますから、製品としてそれほど多くは実現できなかったのですが、デジタル時代になってからは、多くのメーカーがエンベロープ・ジェネレーターにADSR以外のパラメーターを搭載してバリエーションのある変化を得ようと工夫しています。

　例えばFM音源のYAMAHAのDX7では、ADSRという名すら完全に排除され、8つの値によって管理されています。L1〜4とR1〜4の8つで、それぞれLEVELのL、RATEのRの略になります。最初に到達するピーク・レベル（L1）、次に到達する2つ目のレベル（L2）、サステイン・レベルになる3つ目の値（L3）、鍵盤を離してから到達する値（L4）、鍵盤を押さえてからL1に到達するまでの時間（R1）、L1からL2に到達する時間（R2）、L2からL3に到達する時間（R3）、鍵盤を離してからL4へ到達する時間（R4）という8つです。

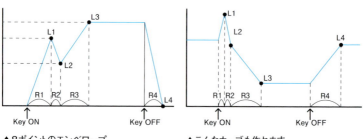

▲8ポイントのエンベロープ　　▲こんなカーブも作れます

　その後もいろいろなスタイルが出てきましたが、最も多いのは最初のピークの値の後にもう1つポイントがあって、その後サステイン・レベルに移動するというADDSRという形でしょう。もう1つ、これはPCM音源などサンプリ

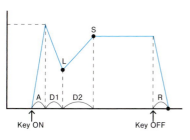
▲ADDSRのエンベロープ

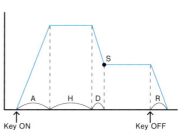
▲AHDSRのエンベロープ

ング素材を使っているものでアタック部分をしっかり聴かせるために便利で、ソフトウェア・サンプラーのNATIVE INSTRUMENTS Kontaktなどにも搭載されているHOLDというパラメーターです。アタック部分である程度長さを保持してからディケイが始まるというもので、AHDSRという表記をしています。

　しかしこれらのパラメーター、少し使ってみていただくと分かると思いますが、複雑な感じになってしまって頭が混乱します。1つか2つパラメーターが増えるだけなのに、どうも理解しにくい。

　実は初期のアナログシンセはADSRはおろか、ADSしかなくて、DとRは兼用とか、ARしかないエンベロープなどもありましたが、それでも十分に音楽ができているのです。持続音のあたりはフット・ボリュームや、ボリュームつまみを手で毎回動かしてもよいでしょうし、その方が毎回微妙なニュアンスを付けたり、フレーズの速さによって反応を変えたりすることができます。あまりエンベロープに頼りすぎないで、ボリューム奏法も含めた演奏を考えるようにすれば、ADSRでも十分使えると思います。

Q9 どうしても歯切れの良い音になりません

A9 リリースよりアタックを気にしては?

　リリースが長い音でも「歯切れが良い」と感じるフレーズは結構存在します。これはどういうことか？ フレーズのつながり部がダラダラしていると、歯切れが悪く感じるのです。つまり音の切れ方よりむしろ、アタック部が遅いという理由が考えられます。アタックにパンチがあれば、リリースが残っていても音の粒立ちが良く、存在感も強くなります。高級なシンセのアタックは強いものが多く、「さすが高級機種だけのことはある」と感じさせます。また、デジタルシンセには非常にアタックの強いものが多いようです。最近のソフトウェア製品も、立ち上がりの速いサウンドが増えてきました。

　少し古い安価なシンセの場合は、出た音にアタックを付けるしかありません。例えば、ミキサーに通してミュート・ボタンを活用する。あるいは、DAWソフト上に録音されたものにアタックを付ける場合なら、波形レベルで頭の部分をカットするというのもあり得ます。しかしそれが大変であれば、コンプレッサーを使用するのはどうでしょう。うまく調整すれば、アタック部がパンチの効いた音になります。

　そのアタック部のパンチに焦点を当てたエフェクターとしては、SPLのTransient Designerがあり、簡単なパラメーターでアタックを強くしたパンチのあるサウンドにしてくれます。

▶SPL Transient Designerのソフトウェア版
　SPL Transient Designer Plus

Q10 ライブでシンセを演奏するときの注意点は?

A10 よくある2つの失敗に気を付けて!

　筆者が経験したミスを2つ紹介しましょう。まず、ステージでは照明が暗いことがよくあります。パネルが薄暗くて見えにくく、パラメーターのつまみ位置に自信が持てず、パネルの小さな文字が読めずに操作できなかったことがありました。解決法としては、小さなペンライトや照明を用意しておきましょう。明るくなりすぎて暗転時に目立つ場合は、ライトに色セロファンを付ければ暗めの光になります。また手だけで操作できるように、そのつまみだけ変えておくのも良いアイディアです。手の感触で分かりますし、見た目にも一瞬でそのつまみを識別できます。分かりやすいシールをつまみに貼っておくのも良いでしょう。VCFのカットオフやボリュームのつまみなどが、よくライブで操作する部分です。WALDORF製品は、フィルターのカットオフなど重要なつまみはあらかじめ色を変えてあるものがあります。

　2つ目はピッチ・ベンド。ハデにベンドダウン、アップした後、「キマッた〜〜」といい気になっていたら、次の1音がとんでもない音痴に。そう、ベンドの戻し忘れです。バネ式になっているものもありますが、付いていないものもありますので注意が必要です。有名なキーボーディストがこれと同じミスをしている動画も観ました。みんなやるんですね。解決方法は1つ。演奏を始めるときに、ベンドの位置を確認するクセを付けることだと思います。

▲自分でつまみを取り替えたシンセのパネル

Q11 シンセは改造できるの？

A11 まずは見た目から始めてみましょう！

　世界に1台だけのシンセを作りたい、と思う気持ちは多くの方がお持ちでしょう。ゼロから設計するのは無理でも、ちょっとした改造ならやってみたいところです。

　が、当然それなりの電気知識が必要になってきます。全く電気知識のない方。ご安心ください。それでも方法はあります。外見です。最も簡単なのはつまみの交換でしょう。秋葉原などの電気街や通販で各種のカッコいいつまみが売っていますから、P.127の写真のようにフィルターのカットオフなどよく使う部分だけ色付きや大きなものに交換してみると良いのでは？また、見た目のカスタマイズとして最も効果的なのがパネルの塗装です。またわざわざ塗装しなくても機材のサイズ、つまみの位置を測って紙にデザインをプリントアウトして貼り付けるだけでも素晴らしいものができそうです。さらに、パネルの側板を変えるというのも効果的です。プラスチック製のものを木製にするだけで高級感が出てきます。

　一方、内部の回路に手を加えるとなると、電気の知識ゼロでOKというわけにはいきません。電気回路の部品を交換すると音にも影響が出てきます。コンデンサーや抵抗器の交換は、オーディオアンプの世界でも音が変わることがよく議論されているくらいですから、シンセでも大きく変わってきます。古いビンテージシンセのMIDI対応化は非常に有効な改造ですが、個人レベルでは難しいかもしれません。ビンテージシンセのショップなどで、作業を代行してくれる所がいくつかあるようです。

　今回、この文章を書くにあたって、SNSで改造しているシンセを募集したところ、たくさんの方が写真を投稿してくれました。皆さん、お好きなんですね〜。私も好きです。できるところから始めて、世界に1つしかないシンセサイザーを作ってみましょう！

▲寸法を測って自らデザインしたシートを作って貼り付けたROLAND TB-3。つまみも変更されている。制作者: SHINGA

▲本体上部にシートを貼り付けたROLAND TB-303。制作者: SHINGA

▲筆者所蔵のKORG MS-20、友人に側板をクリアパネルに変えてもらったもの。制作者: 藤原っち

▲同じくMS-20、こちらは木製の側板で高級感が出ます！ 制作者: Studio M&M (shop.st-mm.net)

▲前面につまみを9つ付けてパラメーターを変えられる仕様にしたROLAND TR-606。背面には各音源別のトリガーアウトも出力できるように改造されている。制作者:原田直樹

Q12 シンセって何台あったら十分?
A12 多すぎるのも考えものですよ!

　ソフトウェア音源の時代になった今、台数という考え方はあまり適当ではないかもしれませんが、ソフトウェアで何種類? ハードウェアで何台?ということをアナログ系以外も含めて考えてみましょう。

　もちろん決まりは何もありません。シンセ1台を何度も重ねて作るのも個性的な音楽の1つですが、さまざまな音楽スタイルに対応できるか?という観点で考えると、当然さまざまな音源がひと通りあれば良いということになります。種類と用途としてこういったものはどうでしょう?

- ●アナログシンセ系……電子音や荒ぶるサウンド用
- ●デジタルシンセ系……ベルなど綺麗でクリアなサウンド用
- ●PCM、サンプル音源……生楽器のシミュレート
- ●ドラム音源……リアルなドラムとリズム・マシン系のものを
- ●サンプラー……自分で音を録音、選んでさまざまな加工

　それぞれに1種類ずつあれば良さそうです。ただサンプル音源には優秀なドラム・サウンドが含まれている場合もありますし、サンプラーで生楽器系と自分で作ったサウンドの両方をカバーすることもできるので、そういった場合は流用可能です。デジタルでアナログ系を完全にカバーできるものも多くあります。

　ただシンセは機種によって個性があります。用途によって使い分けるのは曲にとっては良いことですが、その人の個性を無くすことにもなります。逆に少ない機材でいつも同じ音源を使っていることによって一貫性が出て自分らしい作品群になるケースも多くありますので、たくさん持っていれば良いというわけではないと思います。最後に筆者のお気に入りのシンセKORG MS-20だけで作ったサウンドを収録しておきます(AUDIO FILE94：「SPACY_78」)。

APPENDIX

シンセ名盤 48!
DISC GUIDE

このページでは、8つに分類した時代／ジャンルでシンセサイザーの必聴盤／名盤をご紹介しましょう。音楽に"新しさ""自分独自のもの"を求めるとき、過去の素晴らしい作品を知っておくことは"かつてどんなものが創造され、どういう経緯をたどって現在生き残ったり、どういう形に変化しているのか?"といった理解につながり、新たな創造へのヒントになるものです。知らずに"大発見"と大騒ぎしていたら、すでに40年前に全く同じことをやっているアーティストがいた、なんてこともあるでしょう。そういう意味でも過去の偉人の作品に対しては敬意を表し、一度聴いてみることをおすすめします。

A BASIC GUIDE TO SYNTHESIZER

1960〜70年代 シンセサイザー・ミュージック

まずは1960年代、MOOGシンセサイザーが発売されてポピュラー音楽に使用され始めた時代から70年代、シンセサイザー音楽というロックとはまた違った発展をした流れを見ていきましょう。

60年代は正直まだシンセを作品に"自然に""当たり前のように"使う時代ではなく、"画期的な製品""もの珍しさ"をウリにした作品が多かったのは事実です。シンセというものを世に知らしめるために、多くのアーティストが伝道師的な役割を担ってくれました。ディック・ハイマンや、ディズニーのエレクトリカル・パレードで有名なペリー＆キングスレイの試行錯誤した音楽は、今聴いてみると、現在のシンセでは発想もできない不思議な魅力にあふれています。

中でも画期的な作品となったのが、バッハの曲をシンセだけで演奏した1968年のウェンディー・カーロスによる『SWITCHED-ON BACH』でしょう。音楽的には、生楽器をシンセに置き換えただけの内容で目新しくはないのですが、当時、シンセの音がまだ耳慣れない時代にその魅力を伝えるには十分な内容でした。まだまだ不安定なMOOGのモジュラーシンセを使って作られたサウンドは、チューニングなどでやや不安を感じる部分もありますが、逆にデジタルシンセには無い生き生きとしたサウンドとも言えるでしょう。このシンセのシミュレーションは70年代、日本でのシンセの伝道師となった冨田勲の『展覧会の絵』『惑星』など数々の作品で究極の次元へ発展します。バイオリンの音をシンセで再現し、何度も何度も重ねることでストリングス・アンサンブルにし、同様に管楽器の音をシミュレートして多数重ねてオーケストラを形成していくという根気の要る究極の多重録音は、今では考えられない労力です。

その後、シンセはより自然な形でロック・バンドのアンサンブルで使用されるようになる一方、シンセだけの音楽は世界各地で発展します。『炎のランナー』など映画音楽で有名なギリシャのヴァンゲリスや、これも映画音楽で有名なフランスのモーリス・ジャールの息子、ジャン・ミッシェル・ジャールなどです。ドイツのクラフトワーク、クラスター、タンジェリン・ドリーム、アシュラなどさまざまなバンドはジャーマン・エレクトロニック・ミュージックと呼ばれ、その後テクノ、テクノポップへと発展していきます。

『MOOG The Electric Eclectics of Dick Hyman』
Dick Hyman

『The Essential Perrey & Kingsley』
Perrey & Kingsley

『SWITCHED-ON BACH』
Wendy Carlos

『惑星』
冨田勲

『ALBEDO 0.39』
Vangelis

『OXYGENE』
Jean Michel Jarre

1960〜80年代ロック

　シンセサイザーがロックなどのポピュラー・ミュージックへ応用されていった経緯を考えてみると、ビートルズが69年に『Abbey Road』でシンセを使用しましたが、これもまだ使ってみましたという次元のもの。その後70年代に入ってから、アナログシンセは歌の少ない演奏が中心のプログレッシブ・ロックで発展します。ただ、プログレに限らずさまざまな他のロックでもシンセは導入されています。

　中でも衝撃だったのがジェフ・ベックの『WIRED』でしょう。ヤン・ハマーのシンセはギターに迫る素晴らしいサウンド／奏法でリードシンセ、シンセソロの1つのスタイルを確立したと言えます。ディープ・パープルなどのハード・ロックでも、センス良くシンセは利用されています。ビートルズ的なポップス（という表現が適切かどうかは分かりませんが）で、筆者が個人的に最もおすすめしたいのはエレクトリック・ライト・オーケストラ（E.L.O.）です。特にアルバム『Out Of The Blue』は素晴らしいメロディ・センスと心地良い宇宙感があり、シンセの使い方も洗練されて魅力的です。

　全米ヒット・チャートを見てみると、AORと言われるソフトでムーディな音楽が80年代にかけて大ヒットします。特にデジタルシンセYAMAHA DX7の出現で、これらの音楽はさらにロック系サウンドから分離し、ソウル系のアーティストと共に輝きを増しながら、よりきらびやかで軽くてメロウなサウンドへ向かっていきます。しかし、70年代にはまだロック・サウンドとしてのアナログシンセが全面に使用されていました。特に完成度の高いのがデヴィッド・フォスター、ジェイ・グレイドンによるエアプレイでしょう。TOTOはツイン・キーボードで素晴らしいサウンド。特にP.95で紹介したアタック部分の音程が微妙に揺れるふくよかなブラス・サウンドは"TOTOブラス"という名称で語られるほど、TOTOが多用して人気がありました。

　80年代以降はデジタルシンセ全盛になりますが、その中で大ヒットしたアナログシンセ・サウンドが、ヴァン・ヘイレンの『1984』に収録された名曲「ジャンプ」でしょう。OBERHEIMのポリフォニックシンセの明るいサウンドがあまりにも有名で、ギタリストが「禁じられた遊び」を、ピアノを習った子供が「ネコふんじゃった」を演奏するのと同様、今でもシンセ少年には、演奏できることが絶対条件になっています（笑）。

『Abbey Road』
The Beatles

『WIRED』
Jeff Beck

『Out Of The Blue』
Electric Light Orchestra

『AIRPLAY』
AIRPLAY

『Hydra』
TOTO

『1984』
Van Halen

A BASIC GUIDE TO SYNTHESIZER

1970年代 プログレッシブ・ロック

シンセサイザーが音楽に深くかかわった最初の音楽ムーブメントは、プログレッシブ・ロックでしょう。"進歩的なロック"というジャンル名は、あくまでも"当時"の話。今ではちょっと不適切ですが、1970年代には確かに新しいことへの模索が多数されました。そこにシンセの使用が大きくかかわり、ギターではなくキーボード、シンセを多用したロックとして、変拍子を使うことも多く、複雑でコンセプチュアルなアルバムを得意とし、1曲20分以上の大曲、クラシックやジャズなどの音楽との融合が試みられたりしました。

エマーソン、レイク&パーマー(EL&P)は、クラシックの要素を取り入れつつ、MOOGのモジュラーシンセをステージに鎮座させ、鍵盤にナイフを突き刺すパフォーマンス、リボン・コントローラーを持ってギタリストのように走り回ったり、ピアノを縦に回転させて演奏したりと話題の多いキーボード・バンドの典型的サウンドでした。EL&Pのキース・エマーソンと並んで、2大キーボーディストとして有名だったリック・ウェイクマンが在籍するイエスの『Close to the Edge』は、各楽器の個人技とアンサンブルが絶妙に絡み合った18分の大曲を含むロック史上に残るアルバム。個人的に筆者も好きなアルバム・ベスト1です。ピーター・ガブリエルやフィル・コリンズが在籍したことでも有名なジェネシスは、1970年代は中世的な雰囲気とMOOGのペダルのベースシンセ「Taurus」も駆使した、キーボードのアンサンブルが素晴らしく、派手ではないけれどシンセをうまく使ったサウンドでした。

プログレのもう1つの特徴として多かったのが、メロディアスな叙情的サウンドです。その代表がキャメルとフォーカスでしょう。キャメルの『A LIVE RECORD』は、MiniMoogを駆使したサウンドや泣けるギターが素晴らしいライブ盤です。シンセはその後、70年代後半にポリフォニックシンセが登場。プログレでもしっかり反映され、和音が美しいシンセサウンドが多数出現します。さらに変拍子やアンサンブルはより高度で複雑なものになり、その後80年代にはすっかり衰退してしまうプログレッシブ・ロックの最後にして最高の輝きを見せたのがU.K.というバンドです。YAMAHA CS80のポリフォニックシンセ・サウンドが素晴らしい作品『U.K.』。またプログレはイギリス、ヨーロッパを中心に発展しましたが、アメリカでは全く独自で別解釈のプログレが展開されました。フランク・ザッパとトッド・ラングレンズ・ユートピアがその代表でしょう。

『Brain Salad Surgery』
Emerson,Lake & Palmer

『Close to the Edge』
YES

『SECONDS OUT』
GENESIS

『A LIVE RECORD』
CAMEL

『U.K.』
U.K.

『TODD RUNDGREN'S UTOPIA』
TODD RUNDGREN'S UTOPIA

ジャズ／フュージョン

初期のアナログ・シンセサイザーはモノフォニックであったため、メロディ、リード楽器として使用される場合が多かったことを考えると、歌モノのバッキングよりは、演奏中心の音楽でメロディ用としての利用価値が高かったはずです。ロックの中でも歌が少ないプログレッシブ・ロックで多用されたのと同様、ジャズ、フュージョンでもシンセはよく使用されました。

チック・コリアは『The Leprechaun』や『MAD HATTER』で素晴らしいシンセ・ソロ・サウンドを聴かせてくれます。ハービー・ハンコックは後にマテリアルのメンバーと組んで、今では当たり前になりましたが、スクラッチやヒップホップなど、当時は知られていなかったスタイルとジャズを融合して大メジャーにした『Future Shock』という大問題作を発表します。他にもシンセをフィーチャーしたアルバムはありますが、ここでは『SUNLIGHT』を紹介しておきましょう。このアルバムが面白いのはボコーダーの大フィーチャー具合で、テクノポップでもこれほどまでボコーダーだけでメインボーカルはやらないだろう?というくらい。もう1人、素晴らしいシンセの使い手であるジョージ・デュークはフランク・ザッパのバンドでも活躍し、ファンキーなソロ・アルバムも多いのですが、超絶ドラマー、ビリー・コブハムと組んだバンドによる『LIVE』はアルフォンソ・ジョンソン(B)、ジョン・スコフィールド(G)というすごいメンバー。内容も、シンセがナマナマしくも効果的に使用されていてスリリングです。

グループとしては最も成功したバンドの1つ、ウェザー・リポートのジョー・ザヴィヌルのプレイもユルユルに蛇行する感じが魅力的です。パット・メセニー・グループのライル・メイズのサウンドも特徴的で美しく、パット・メセニーのトランペットのようなギターシンセと共にぜひ聴いてみてほしいサウンドです。

ジャズ、セッション系アーティストが多数参加しているアルバムとしてここで紹介することになりましたが、エアプレイ同様、別枠で紹介したい初期AOR的なサウンドのジノ・ヴァネリの名作が『BROTHER TO BROTHER』。ド図太いシンセベースがスラップ・ベースと絶妙に入れ替わりながら、「ビヨ〜ン」と鳴り響きます。役割としては地味なのですが、よく聴くとそのものすごい存在感に圧倒されるでしょう。同様に完璧主義のスティーリー・ダンの『Aja』は音楽ファン的にはぜひ紹介したいのですが、シンセという観点ではちょっと特筆すべき点が無いのでまたいつか。

『The Leprechaun』
Chick Corea

『SUNLIGHT』
Herbie Hancock

『"LIVE" ON TOUR IN EUROPE』
The Billy Cobham-George Duke Band

『8:30』
WEATHER REPORT

『OFFRAMP』
Pat Metheny Group

『BROTHER TO BROTHER』
Gino Vannelli

A BASIC GUIDE TO SYNTHESIZER

ジャーマン・エレクトロニック・ミュージック

1970年代のドイツでは現代音楽の流れと、カメラなど工業製品の国であるイメージが、電子機器＋実験音楽という形でロックに融合していきます。これにドラッグなどヒッピー文化が重なり、独特の発展をとげたのがジャーマン・エレクトロニック・ミュージックです。初期の段階では、ギター、ドラム、電子音などだけでさまざまな試みが行われていました。そこにシンセサイザーが出現して、徐々に洗練されたものになっていきます。

アンビエントの元祖的なサウンドはタンジェリン・ドリーム、アシュ・ラ・テンペル、ポポル・ヴー、クラウス・シュルツェなどによって確立されました。タンジェリン・ドリームは初期の実験的でダークなサウンドから、シンセサイザー3人組になって、シーケンス・パターンをゆっくりと変化させることで高揚感を得る内向的なサウンドになり『Phaedra』『Rubycon』『Ricochet』という名作を発表。アシュ・ラ・テンペル（アシュラ）も初期のドラッグでキメまくったドロドロとしたブルージーなギターに電子音を重ねたセッションから、ギターのアルペジオによるシーケンス・サウンドに発展し、現在のハウス／テクノに絶大な影響を与えるソロ名義の『E2-E4』を発表するに至るまで、シンセとギターを使った素晴らしい作品があります。クラウス・シュルツェは大量のシンセとシーケンサーを駆使した反復による極めて内向的な作品が多く、空間ドラッグ・サウンドの極致でした。

クラスターや、そのメンバーだったコンラッド・シュニッツラーはより実験的に、無機質な電子音としてシンセを扱った点で、アンビエントではなくエレクトロの元祖と言えるでしょう。近い精神性がありながらも、リズムを強調して少しユーモラスかつポップに仕上げたことで世界進出して大ヒットしたクラフトワークは、ジャーマン・エレクトロニック・ミュージックとしては異端だったのかもしれません。しかしそのヒットによってジャーマン・ロックが注目され、その後のシンセサイザー・ミュージック、テクノ・ミュージックを引導したのは間違いありません。

リズムという点でノイ!、ラ・デュッセルドルフは人力テクノ的な反復バンド演奏がクラフトワーク同様、その後の多くのバンドに影響を与えました。ジャーマン・ロックの中心人物的プロデューサー／エンジニアであったコニー・プランクと、クラスターのモービウス、グルグルのドラマー、マニ・ノイマイヤーによる『ZERO SET』は、生ドラムによる人力テクノ・サウンドの最高傑作でしょう。

『Phaedra』
Tangerine Dream

『timewind』
Klaus Schulze

『Cluster 2』
Cluster

『TRANS EUROPE EXPRESS』
KRAFTWERK

『NEU! 2』
NEU!

『ZERO SET』
Moebius-Plank-Neumeier

テクノポップ

　1970年代後半から80年代にかけて、クラフトワークが起爆剤となって世界各国でその影響を受けたアーティストが多数出現します。クラフトワークが『MAN・MACHINE』を発表した78年が、そのスタート地点でしょう。アメリカのディーヴォはブライアン・イーノのプロデュース、コニー・プランクによるレコーディングというこれ以上ない形でデビュー・アルバム『Q:Are We Not Men? A:We Are Devo!』を発表。日本ではYMOが結成され、1stアルバムを発売。翌79年には名作『ソリッド・ステイト・サヴァイヴァー』がヒットし、「トキオ」という言葉と共に日本でもテクノポップ・ブームが到来します。

　イギリスでは同時期にパンクが出現し、さらにそれらが合体した形でニューウェーブという流れに発展します。後にアート・オブ・ノイズでサンプリング時代の中心人物になり、イエスの『Lonely Heart』をプロデュースするトレヴァー・ホーンがボーカル担当だったバグルズは『THE AGE OF PLASTIC』を80年に発売。シンセ中心でポップに仕上げたこの時代のサウンドの代表のようなアルバムで、シングル「Video Killed the Radio Star」は大ヒット、81年開局のMTVで最初にオンエアされた曲となりました。その後も、ニューウェーブとテクノポップの中間を行くエレポップが80年代前半にイギリスを中心に流行します。OMD、ヒューマン・リーグ、ヤズー、デペッシュ・モード、ウルトラヴォックスがその代表バンドです。

　それほど話題にはなりませんでしたが、アメリカではプログレのところでも紹介したトッド・ラングレンズ・ユートピアのキーボーディスト、ロジャー・パウエルの2ndアルバム『AIR POCKET』が80年に発売されます。ヨーロッパ的ではないテクノポップ・サウンドは今聴いても新鮮な、他に類を見ない心地良いサウンドです。そのルックスからマッド・サイエンティスト的に紹介されたトーマス・ドルビー（82年）、甘いルックスで女性ファンも多かったハワード・ジョーンズ（83年）など、テクノポップ系シンセ・アーティストはその後も多数現れました。

　筆者のイチオシはプログレでも人気グループだったハット・フィールド＆ザ・ノース、ナショナル・ヘルスのキーボーディストのデイヴ・スチュアートが、ボーカルのバーバラ・ガスキンと組んで7インチ・シングルで発売していた作品群で、シンセとリズム・マシンをセンス良く使用したテクノポップ的作品で注目されました。これは86年にCDとして発売されています。

『Q:Are We Not Men? A:We Are Devo!』
DEVO

『ソリッド・ステイト・サヴァイヴァー』
Yellow Magic Orchestra

『THE AGE OF PLASTIC』
BUGGLES

『AIR POCKET』
Roger Powell

『THE GOLDEN AGE OF WIRELESS』
Thomas Dolby

『Up from the Dark』
Dave Stewart & Barbara Gaskin

A BASIC GUIDE TO SYNTHESIZER

1990年代 ハウス／テクノ

すでに1970年代末にはシカゴで発生していたハウス・ミュージックですが、80年代後半から全世界に飛び火してムーブメントとなります。ちょっと皮肉な書き方をすれば、当時は金持ちミュージシャンや日本人などがデジタルシンセ、PCMドラムに目を向けていたことで古いアナログシンセが安値になり、それをどちらかと言うとお金の無いミュージシャンたちが低価格で手に入れ、工夫して、サンプラーの低価格化も手伝って素晴らしい音楽を作り出しました。その結果、デジタルシンセに目を向けていた人間もビンテージシンセに注目し始め、ハウスも全世界的に広まり、テクノの再ブームが到来したのです。シンセの発展という側面から振り返ると、少々乱暴ですが80〜90年代のハウス、テクノのムーブメントはこのようにまとめられるでしょう。ROLANDのリズム・マシンTR-909やベースシンセTB-303が、発売当初の酷評から手の平を返したように再評価され、プレミア価格が付けられる……その最も分かりやすい例ですね。

その後のハウス、テクノの流れは細分化され、さまざまな名称で呼ばれるものが出現します。それだけで本が何冊も出版されるほどですし、シンセの使い方という観点ではない部分での分類なので、ここでは触れません。

打ち込みがポピュラー音楽の中で占める割合は80年代以降急激に増えます。80年代、コンピューターやシンセ、リズム・マシンによる音楽がどんどん増えて脅威になった時代は、その反発として"打ち込みは使わない"とか、生楽器／生演奏へのこだわりの意識も多数ありました。しかし、もはや90年代は、そんなことすら議論に上らないほど自然な形でテクノロジーは音楽を制作するツールになっていきます。ユーロビート、トランス、テクノなどのダンス・ミュージックに限らず、ポピュラー音楽における"打ち込み""サンプラー、シンセサイザー"の存在は不可欠なものになっていきます。

自作エレクトロニクスなどで作られたサウンドが、美しくも狂気に満ちたエイフェックス・ツイン。TB-303に象徴されるアシッド・ハウスの基礎を築いた808STATE、それをさらに推し進めたハードフロア、ロックとテクノの架け橋となったアンダーワールド、ビートに頼らずに美しいフレーズが満載のオービタル、日本のアーティストの海外進出のきっかけにもなったケン・イシイなどがこの時代のサウンドをリードしました。シンセの使い方という点で上記アーティストを選びましたが、サンプリング、リズムの点で考えれば、The KLF、プロディジー、スクエアプッシャーなども極めて重要なアーティストです。

『Selected Ambient Works 85-92』Aphex Twin

『ex:el』808STATE

『TB RESUSCITATION』HARDFLOOR

『second toughest in the infants』underworld

『The Middle Of Nowhere』Orbital

『GARDEN ON THE PALM』ケン・イシイ

2000年代〜2010年代

　無理を承知であえて10年単位で区切ってみると60年代はシンセ登場時代、70年代はアナログ時代、80年代はデジタル時代、90年代はサンプリングと再アナログ時代、2000年代はソフトウェア時代、10年代はソフトハード共存時代と言えるでしょうかね。

　2000年代最初の10年は、ソフトウェア音源が発達し使いやすくなってDAWソフトを使って自宅で音楽制作が完成形までできるようになり、エレクトロニカ、チップチューンなどが全盛に。と言っても、もうこの時代は多様化で、特にどのジャンルがメインというわけではありません。3つ紹介するとしたら（いずれも90年代から活躍していますが）、Auto-Tuneなどを駆使したボコーダーポップスを広めたフレンチエレクトロ、ロボットロックとも言えるダフト・パンク。ビッグビートと呼ばれる、激しく歪んで暴力的でありながら心地良いサウンド、新しいエレクトロ、ダンス・ミュージックを常にエネルギッシュに生み出し続けていたケミカル・ブラザーズ。デスクトップエレクトロの出現、Max/MSPなどを使用し、波形編集、ソフトウェアシンセサイズによって磨き抜かれたノイズ、エレクトロニカを生成するオウテカなどを挙げておきましょう。

　2010年代はモジュラーシンセを使ったアーティストが増えたり、80年代のテクノポップ、ニューウェーブ、エレポップ的なサウンドも再流行し始めます。海外ではチャーチズ、アノラーク、他。日本ではパフュームやきゃりーぱみゅぱみゅのプロデュースで知られる中田ヤスタカのサウンドは、80年代のサウンドの雰囲気を持ちながらも最新のテクノロジーと、洗練されたアレンジ、EDMやトラップ要素をうまく取り入れてこの時代を象徴するサウンドになりました。

　また、ボーカロイドの初音ミクによる作品が投稿サイトで話題になるなども含め、プロデュースして自宅で完成させるスタイルがますます多くなっています。また投稿サイトでの音楽の流行や、ストリーミングによる音楽配信など、もはやCD、アルバムという形ではない音楽の提示、聴かれ方になったのはポピュラー音楽の歴史の中でも重大事件と言えるでしょう。ここではアルバム単位で紹介しているので、初音ミクのベスト盤をあげておきますが……（笑）。

　最後にこの10年で一番お気に入りのダーティ・ループス。キーボード中心の洗練されたアレンジと超絶テクニックで演奏系の人にも、打ち込み系の人にも魅力的なサウンドです。

（thanks to Kohei Sakae）

『discovery』
daft punk

『Singles 93-03』
Chemical Brothers

『Draft 7.30』
Autechre

『Digital Native』
中田ヤスタカ

『初音ミク ベスト impacts』
V.A.

『Loopified』
Dirty Loops

A BASIC GUIDE TO SYNTHESIZER

part 01 シンセのパーツはたったこれだけ

- FILE 01 ノコギリ波の音 — P.11
- FILE 02 矩形波の音 — P.11
- FILE 03 オクターブ切替、半音単位、連続で音程を設定 — P.11
- FILE 04 ローパス・フィルターでカットオフを変化 — P.12
- FILE 05 レゾナンスを上げていく／レゾナンスを上げてカットオフつまみを動かす — P.13
- FILE 06 レゾナンスを発振させて作る面白い音 — P.13
- FILE 07 アタックの違い — P.18
- FILE 08 ディケイの違い — P.18
- FILE 09 サステインの違い — P.18
- FILE 10 リリースの違い — P.18
- FILE 11 オシレーターの低い部分がLFOである証拠 — P.20
- FILE 12 VCOにLFOをかける（ビブラート）— P.21
- FILE 13 VCFにLFOをかける（ワウ）— P.21
- FILE 14 VCAにLFOをかける（トレモロ）— P.21
- FILE 15 適度なビブラート／かけすぎたビブラート — P.22
- FILE 16 UFO — P.22
- FILE 17 パトカー、救急車 — P.22
- FILE 18 ポルタメント — P.23

part 02 ちょっと突っ込んだ使い方

- FILE 19 パルス幅の変更 — P.28
- FILE 20 パルスウィズ・モジュレーション — P.29
- FILE 21 2つのオシレーターのユニゾン — P.32
- FILE 22 2つのオシレーターのオクターブ — P.32
- FILE 23 2つのオシレーターのハーモニー — P.33
- FILE 24 サブオシレーター — P.33
- FILE 25 リング・モジュレーター — P.34
- FILE 26 クロス・モジュレーション — P.34
- FILE 27 オシレーター・シンク — P.35
- FILE 28 キー・フォローの設定。1、2、1/2、0で"ドレミファソラシド"を演奏 — P.35
- FILE 29 ローパス・フィルター — P.36
- FILE 30 ハイパス・フィルター — P.36
- FILE 31 バンドパス・フィルター — P.37
- FILE 32 ノッチ・フィルター — P.37
- FILE 33 複数のフィルターで音が消える — P.38
- FILE 34 2ポールと4ポールのフィルター — P.39
- FILE 35 VCFにエンベロープをかける — P.40
- FILE 36 エンベロープのアマウント量 — P.41
- FILE 37 オルガンのエンベロープ — P.42
- FILE 38 笛、管楽器のエンベロープ — P.43
- FILE 39 リード・ギターのエンベロープ — P.43
- FILE 40 アコースティック・ギター／ピアノのエンベロープ — P.44
- FILE 41 ストリングスのエンベロープ — P.44
- FILE 42 木琴、鉄琴のエンベロープ — P.45
- FILE 43 逆回転のエンベロープ — P.45
- FILE 44 エンベロープの上下リバース — P.46
- FILE 45 LFOのディレイ — P.49
- FILE 46 LFOのキーボード・トリガー、無しとあり — P.49
- FILE 47 LFOのコーラス — P.50
- FILE 48 LFOのクロス・モジュレーション — P.50
- FILE 49 サンプル&ホールド — P.52
- FILE 50 ノイズでVCOをモジュレート — P.53
- FILE 51 外部入力でVCOをモジュレート — P.54
- FILE 52 MS-20のフィードバック・サウンド — P.55
- FILE 53 パッチで電池を接続 — P.55
- FILE 54 エフェクト無し — P.60
- FILE 55 エフェクター：ディレイ — P.60
- FILE 56 エフェクター：リバーブ — P.60
- FILE 57 エフェクター：コーラス — P.61
- FILE 58 エフェクター：フランジャー — P.62
- FILE 59 エフェクター：フェイザー — P.62
- FILE 60 エフェクター：ディストーション — P.62
- FILE 61 ベンドの使い方 — P.64
- FILE 62 広いベンド幅の使い方 — P.64

part 04 音作りの実例

- FILE 63 イニシャル・プログラム — P.83
- FILE 64 シングル・トリガーでレガート演奏した場合と、そうでない場合 — P.84
- FILE 65 シンセで作った温もりのあるピアノ・サウンド — P.87
- FILE 66 ワウ付きのクラビネット — P.88
- FILE 67 クリーン・ギター — P.89
- FILE 68 シンセベース — P.91
- FILE 69 ストリングス・アンサンブル — P.93
- FILE 70 TOTO BRASS — P.95
- FILE 71 さまざまな操作でフィルターやレベルに変化を付ける — P.95
- FILE 72 シンプルなシーケンス・サウンド — P.97
- FILE 73 レゾナンスを上げる — P.97

FILE		
74	大きな波を打つフィルター効果	P.97
75	コード・シーケンス	P.98
76	ノイズ、フェイザーで汽車的シーケンス	P.98
77	フィルターが変化するスウィープ・サウンド	P.100
78	逆エンベロープを使ったスウィープ・サウンド	P.101
79	暗めのパッド・サウンド	P.103
80	リング・モジュレーターで激しく音が変化	P.104
81	微調整で気持ちの良い値を探す	P.104
82	ベル系サウンド	P.105
83	キック	P.107
84	シンセタム	P.107
85	シンセスネア	P.108
86	オープン／クローズドの両方を実現するハイハット	P.109
87	特徴を持ったシンセハイハット各種	P.109
88	UFO	P.110
89	幽霊、火の玉	P.110
90	ピッチ・ベンドで縦横無尽に飛ぶUFO	P.110
91	救急車	P.111
92	ゲームの効果音、レーザー光線	P.111

part 05 シンセにまつわる Q&A

FILE		
93	ボコーダー・サウンド（EMS Vocoder System 2000）	P.123

BONUS TRACK

FILE		
94	SPACY_78	P.130

「SPACY_78」
Sounds by Kimitaka Matsumae

シンセサイザーによる曲?とは言えない、かといって、エレクトロ?とも言えない、即興演奏による"空間"を制作してみました。これはDAWソフト（MOTU Digital Performer）をモノラルで16回走らせて、アナログ・モノシンセKORG MS-20を録音したものです。すべてMS-20だけの即興演奏です。エフェクトはディレイ、リバーブのみ使用しています。延々とただ電子音が流れるだけの空間です。トラック・ダウン、録音をチェックしていると必ず自分でも寝てしまいます（笑）。皆さまもぜひゆっくりお休みくださいませ。このサウンドは Sounds by Kimitaka Matsumae と表記した上でご自由にご使用ください。

AUDIO FILE INDEX

対応オーディオ・ファイルのダウンロード

解説に対応したオーディオ・ファイルは、リットーミュージックHP内にある本書の商品紹介ページ（https://www.rittor-music.co.jp/product/detail/3118317201/）から入手できます。WAVフォーマットとMP3フォーマットの2形式によるオーディオファイルを、それぞれZipファイル化してありますので、ご使用のインターネット通信環境に合わせて、ダウンロードを行ってください。

A BASIC GUIDE TO SYNTHESIZER

PROFILE

松前公高
Kimitaka Matsumae

「きどりっこ」を経て1987年、アルファレコードGMOレーベルより山口優とのユニット「エキスポ」でデビュー。1988年、セガ公認のゲームミュージックバンド「S.S.T.BAND」を結成。マニピュレーター、アレンジャーとして多くのレコーディング、ライブツアー、ゲーム音楽などに参加。NHK「おしりかじり虫」「大科学実験」やアニメ「キルミーベイベー」などを作編曲、制作。

SPECIAL THANKS:
栄幸平
Yasushi.K

REON
Studio M&M
藤原っち
SHINGA
原田直樹
Hironobu Takagi

参考文献:
『THE GREAT HERITAGE ローランドビンテージ製品マニュアル21』
監修: 松前公高 (リットーミュージック)

『ビンテージ・シンセサイザー』
マーク・ヴェイル (リットーミュージック)

A BASIC GUIDE TO SYNTHESIZER

シンセサイザー入門 Rev.2

音作りが分かるシンセの教科書

2018年11月16日　第1版第1刷発行
2023年 6月30日　第1版第3刷発行

松前公高 著

発行所	株式会社 リットーミュージック
	〒101-0051 東京都千代田区神田神保町一丁目105番地
	https://www.rittor-music.co.jp/
発行人	松本大輔
編集人	野口広之
編集担当	内山秀央　松本久美（土屋組）　山口一光
デザイン／DTP	Toshifumi Nakai (nongraph)／基本デザイン　雉虎美雨之介／リデザイン＆DTP
撮影	大町信也（P66〜71、P.74〜77）　八島崇（P.121）
撮影協力	Five G（www.fiveg.net）
印刷・製本	株式会社リーブルテック

【本書の内容に関するお問い合わせ先】
info@rittor-music.co.jp

本書の内容に関するご質問は、Eメールのみでお受けしております。メールの件名に「シンセサイザー入門 Rev.2」と記載してご送付ください。なお、ご質問の内容によりましては回答までにしばらく時間をいただくことがございます。また、電話やFAX、郵便でのご質問、本書記載内容の範囲を超えるご質問につきましてはお答えできかねますので、あらかじめご了承ください。

【乱丁・落丁などのお問い合わせ】
service@rittor-music.co.jp

本書記事／写真／図版などの無断転載・複製は固くお断りします。複製される場合は、そのつど事前に（社）出版者著作権管理機構（TEL 03-5244-5088、FAX 03-5244-5089、e-mail: info@jcopy.or.jp）の許諾を得てください。

JCOPY　＜（社）出版者著作権管理機構 委託出版物＞

Printed in Japan
©2018 Rittor Music, Inc.　©Kimitaka Matsumae
ISBN 978-4-8456-3316-6

＊本書は弊社から2007年12月に発行された『シンセサイザー入門』を底本とする改訂・改稿・再編集版です。